시니어 마케팅의 힘

시니어 마케팅의 힘

1판 1쇄 발행 2017년 1월 10일
1판 2쇄 발행 2017년 3월 10일

지은이 전우정, 문용원, 최정환
펴낸이 이윤규

펴낸곳 유아이북스
출판등록 2012년 4월 2일
주소 서울시 용산구 효창원로 64길 6
전화 (02) 704-2521
팩스 (02) 715-3536
이메일 uibooks@uibooks.co.kr

ISBN 978-89-98156-66-4 03320
값 14,000원

저성장 시대를 이기는 새로운 기회

시니어
Senior

마케팅의 힘

전우정, 문용원, 최정환 지음

유아이북스
For The Ultimate Information

우리의 고객이 늙어 가고 있다

우리가 이 책을 쓰게 된 동기는 고령화시대의 중심 주체가 될 시니어senior를 오로지 고객으로서 분석하고 설명하기 위해서다. 사회가 고령화되어 간다면 사회의 구매력 있는 고객층도 고령화될 것이다. 하지만 아직 대다수의 기업들은 이러한 고객에 대한 마케팅 준비를 하지 못하고 있다. 과거의 제한된 시각에서는 시니어라는 개념을 단순히 은퇴를 하여 사회 활동에서 한발 물러선 존재라든가, 경제력이 수반되지 못한 채 불안한 노후를 맞는 존재로만 보았다. 이 책에서는 시니어를 영업과 마케팅 활동에 큰 충격을 주고 있는 거대한 소비 물결의 진원지로 해석하고자 하였다.

이 책에서 정의한 시니어는 50세 이상의 소비자를 말한다. 시니어의 연령을 50세 이상으로 정한 것은 두 가지 이유 때문인데, 첫째는 한국 사회에서 일반적으로 은퇴가 시작되는 것으로 여겨지는 나이가 50세라는 점이다. 둘째는 우리나라 인구구성의 가장 큰 비중을 차지하고 있는 베이비붐 세대baby boom generation(1955년~1963년에 태어난 세대)를 다 품고 설명할 수 있기 때문이다.

이 책은 다음과 같은 독자에게 도움이 되고자 쓰였다.

■ **마케팅·영업지원 담당자**: 다양한 시니어 관련 자료를 통해 시니어 마케팅·영업지원의 방향을 세울 수 있을 것이다. 또한, 풍부한 사례를 토대로 실제 업무에 도움이 되게끔 구성하였다.

■ **영업 담당자**: 시니어의 마음을 이해하고 공감하는 자세에서부터 고객 상담과 고객 관리의 방법에 대한 다양한 아이디어를 제시하였다. 시니어를 자신의 고객으로 만들 수 있도록 도움을 주고자 하였다.

■ **시니어 마켓에 관심 있는 학생**: 최근 소비 중심으로 부각되고 있는 시니어를 미리 알아봄으로써 시대에 발맞춘 마케팅 전략을 세울 수 있다. 기존의 마케팅에서 말하는 제한된 적용이 아니라, 시니어가 주도하는 소비 시장을 간접 경험하면서 자신의 꿈을 어떻게 만들어 나갈지 고민하리라 생각된다.

시니어 소비 시장에 대한 종합적인 연구는 아직 미개척의 분야라고 할 수 있다. 독자들도 우리와 함께 시니어 마케팅이라는 새로운 바다를 항해할 수 있기를 바란다. 또한 시니어 고객을 나의 고객으로 만드는 달콤한 결실도 맺을 수 있기를 기원한다.

거대한 고령화의 물결 앞에서
전우정, 문용원, 최정환

왜 시니어 마케팅 자료는 찾기 힘들까?

　부제에 관한 첫 번째 답으로는 시니어를 위한 제품과 서비스의 개발이 아직 활발하지 못하다는 점을 들 수 있다. 대부분의 마케팅 활동은 이미 존재하고 있는 제품과 서비스 위에서 발전한다. 두 번째 답으로는 사회의 다른 계층과는 달리 모든 시니어를 하나의 생활양식으로 정의 내리기 힘들다는 점이다. 시니어는 최근 들어 시장에서 그 중요성이 부각되고는 있지만, 아직 그들에 대한 마케팅으로서의 접근은 부족한 실정이다. 이 책은 시니어에 관한 마케팅 이론을 전달하려는 것이 아니라, 소비자로서 시니어를 다양한 관점에서 바라보고 이해하도록 하는 데 주안점을 두었다. 이 책을 읽고 시니어에 대한 마케팅과 세일즈 활동의 큰 그림을 그릴 수 있다면 목표를 이룬 것이나 다름없다.

　이 책은 기존의 생산자 중심의 마케팅 접근이 아닌 시니어 고객의 경험을 중심으로 구성되었다. 즉, 시니어 고객의 기대와 실제로 행해지는 기업 서비스의 간격을 좁혀 기업과 시니어의 관계 개선에 도움이 되는 고객경험관리CEM(Customer Experience Management)의 관점을 책 전반에 적용하였다.

　이 책에서는 먼저 시니어 마케팅을 설명하기 위해 아홉 가지 핵심 주제를 선정하였고, 각 주제를 마케팅 키워드에 따라 펼쳐 나갔다. 처음 두 가지 주제는 시니어의 모습을 그려 내는 데 목적을 두었다. 시니어가 누구인지, 시니어가 중요하게 여기는 가치는 무엇인지 그 내용을 정리하였다.

다음의 네 가지 주제는 시니어 마케팅 프로세스 4단계를 설명한 것이다. 4단계란 시니어에게 어필하는 '광고', 시니어 고객을 효과적으로 맞이하는 '고객 접점', 시니어에 적절한 '고객 상담', 그리고 시니어 고객을 유지하는 '판매 후 관리'를 순차적으로 구성한 것을 의미한다.

마지막 세 가지 주제는 시니어 마케팅의 두 가지 이슈와 실행 전략에 관한 것이다. 우선 부유한 시니어를 자신의 고객으로 만들기 위해 다른 업종 간에 다양하게 진행되고 있는 제휴 마케팅을 정리하면서 시니어 마케팅의 미래 전략을 제시해 보았다. 또한, 빠르게 발전하고 있는 IT기술을 시니어 마케팅에서 어떻게 활용할 수 있을지 검토해 보았다. 그리고 시니어 마케팅을 위한 마케팅 조직을 어떻게 구성해야 할지도 제시하였다. 이를 통해 단순히 이벤트 성격의 시니어 마케팅이 아닌, 지속적인 전략으로서의 시니어 마케팅을 위해서 어떠한 것들을 준비해야 할지 가이드라인으로 삼기를 바란다.

책의 내용을 뒷받침하기 위해 각 주제마다 국내외 시니어 마케팅 사례를 덧붙였다. 이러한 사례들을 통해 이 책을 읽는 독자라면 누구나 시니어 마케팅이 전 세계적인 관심거리이자, 피할 수 없는 트렌드trend임을 이해할 수 있을 것이다.

차례

PART 1

시 니 어 는
누구인가?

1장 시니어가 원하는 것

2장 시니어가 중요시하는 가치

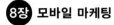

PART
1

시니어는 누구인가?

시니어 시장에서 경쟁사보다 마케팅 프로세스를 효율적이고 효과적으로 개발하기 위해 가장 중요시해야 할 것은 무엇일까? 그것은 바로 시니어다. 시니어를 제대로 이해해야만 시니어 시장의 큰 그림을 그릴 수 있다. 이것이 시니어 마케팅을 성공으로 이끄는 첫 관문이라 할 수 있다.

시니어를 알기 위해서는 시니어의 소비력은 어느 정도인지, 자산 규모는 어느 정도인지 등, 양적 정보로는 부족하다. 여기서는 시니어에 대한 표면적인 정보를 넘어서 그들이 어떤 정치적·경제적·사회적 배경을 가지고 있는지, 특히 소중히 여기는 가치는 무엇인지 등, 질적 정보를 바탕으로 시니어를 살펴보았다.

1장

시니어가
원하는 것

시니어 고객의 니즈needs(욕구)는 표면적 니즈와 잠재적 니즈로 나눌 수 있다. 이 두 가지는 분명히 가려낼 필요가 있다. 우리는 이미 밖으로 드러난 니즈에만 관심을 쏟을 것이 아니라, 앞으로 드러날 시니어의 니즈도 예상하면서 그에 대비해야 한다. 시니어 고객에 대한 인식이 그때그때마다 다르거나 너무 제한되어 있을 경우, 시니어 고객의 새로운 니즈를 분명하게 간파하지 못할 수 있다.

시니어 시장에 먼저 뛰어든 기업들이 계속해서 시장의 주도권을 장악하는 이유는 그 기업들이 시니어 고객의 잠재적 니즈를 밖으로 드러냈기 때문이다. 즉, 시니어 고객의 니즈를 규정지은 것이다.

시니어에 대한 선입견을 버려라

당신이 어느 한 기업의 마케팅 담당자라고 상상하고 자신에게 다음과 같은 질문을 해보자.

- 시니어는 고객이라 말할 수 있는 존재인가?
- 기존에 시니어를 위한 제품과 서비스가 있었는가?
- 시니어 고객을 위해 마케팅 전략을 크게 바꿀 필요가 있는가?

대부분의 사람들은 이 질문에 선뜻 긍정적인 답을 하지 못할 것이다. 그동안 시니어를 고객이 아닌, 만약 고객이어도 선입견을 가진채 제한된 창으로 보았기 때문이다.

시니어 마케팅을 성공적으로 실행하려면, 우선 이러한 얼룩진 창부터 깨끗하게 닦지 않으면 안 된다.

선입견 1. 시니어는 찢어질 정도로 가난하다?

많은 회사에서는 시니어는 구매력이 없어 회사에 수익을 가져다주지 못한다는 잘못된 믿음을 갖고 있다. 시니어의 축적된 자산보다는 현재 근로소득에 초점을 모으는 것이다. 또한, 노후의 소득 불안으로 인한 시니어의 저축 경향을 우려한다.

이러한 잘못된 관점은 우리보다 앞서 저출산·고령화 현상을 겪고 있는 미국, 일본 등에서도 비슷한 형편이다. 실제 미국 전체 재산의 80% 이상을 50세 이상의 시니어 계층이 소유하고 있다는 사실을 고려하면, 이와 같은 선입견은 매우 심각하다고 할 수 있다.

오늘날 국내의 시니어는 1960년대 이후 경제개발 성과의 혜택을 초기부터 얻어서 상당한 부를 축적한 첫 번째 세대이자, 인구수가 그 어느 세대보다 빠르게 증가한, 즉 더 이상 무시하지 못할 소비층이다. 아울러 시니어의 소비력을 부정적으로 바라보게 하는 주요 요인 중 하나인 근로소득과 관련해서도 최근 은퇴 시기가 점점 늦춰지고 있다는 점을 반론으로 제시할 수 있다. 자녀의 출가 이후 시니어는 경제적 여유와 함께 양적이 아닌 질적 소비 성향을 보이고 있다. 우리가 쉽게 생각하는 것처럼 오늘날의 시니어는 자산과 소득이 적거나 없는 소비활동의 비주류가 아니다. 오히려 경제 성장기에 쌓아 올린 자산과 전보다 더 길어진 근로 기간으로 가치 있는 제품과 서비스에 왕성한 소비활동을 보이는 새로운 중심 소비 주체인 것이다.

선입견 2. 시니어는 신체적, 정신적으로 크게 뒤처진다?

그동안 시니어는 만성질환을 앓고 있는 빈도가 높아 마케팅 대상으로 적절치 않다고 판단돼 왔다. 그러나 스코틀랜드의 노년학 연구자 아서 앤더슨Arthur Anderson은 "병약한 시니어는 늙었기 때문이 아니라, 병약하기 때문에 병약한 것이다"라고 지적했다. 노화는 환경 피해나 질병과 싸울 수 있는 능력에 영향을 미치기 때문에, 흔히 노

시니어 마케팅의 힘

화와 병약함을 연관 짓는 경향이 많다.

그러나 수많은 건강한 시니어가 세상에 존재한다. 비록 만성질환을 앓는 빈도가 다른 세대에 비해 상대적으로 높지만, 시니어 대부분은 과거에 병을 심하게 앓았던 사람들을 제외하면 그 정도는 매우 심각하지 않으며, 그러한 질병으로 일상생활에 심각한 타격을 받지 않는다. 과거에 실시됐던 건강식품이나 의약품에 관한 조사들을 살펴보면, 시니어는 체질 개선, 질병 예방, 자연 치유 등과 같은 것들에 대한 반응도가 꽤 높은 편이었다. '죽는 순간까지 건강하게 살다가 죽겠다', '자녀에게 폐를 끼치지 않겠다'라는 생각은 시니어에게는 삶의 이상과 같다. 건강 유지에 대한 그들의 불안은 그저 단순히 오래 살 수 있을까가 아니라, 어떻게 하면 건강하게 살 수 있을까에서 기인한 것이다.

선입견 3. 시니어 시장은 획일적이다?

현재 국내 시니어 마케팅의 가장 큰 문제는 시니어 시장을 세분화하지 않는다는 것이다. 이러한 현상은 보기에 지나칠 정도인데, 국내에서는 '모 아니면 도'라는 식으로 시니어 시장을 하나의 큰 덩어리로만 해석하는 경향이 짙다. 때문에 시니어 고객의 잠재적 규모를 실제보다 크게 혹은 작게 판단하고 있다.

시니어 시장을 뭉뚱그려 간단히 구분한 것은 시니어 시장이 다양한 시장의 집합체라는 것을 인식하지 못했기 때문이다. 50대 중반과 70대 초반의 시니어의 니즈가 같을 수는 없다. 수명이 길어지면 길어질수록 그들 간의 차이는 더 많이 벌어질 것이다.

　이런 그릇된 판단을 바로잡는 방법은 시니어 고객의 잠재 가능성을 수준별로 나누고 그에 맞춰 시장을 세분화해 접근하는 것이다. 첫 번째 수준은 어떠한 출시 제품에 대해 가장 적극적인 반응을 보이는 시니어 고객들로 이뤄진다. 이 그룹은 여러 통계와 사례를 바탕으로 그 특성을 밝혀내야 한다. 그 다음 두 번째와 세 번째 수준에 속하는 그룹의 특성도 파악해 놓아야 한다. 그런 다음, 기업은 첫 번째 수준에 속하는 잠재적 시니어 고객을 대상으로 첫 번째 출시 제품을 판매하는 데 노력을 기울여야 할 것이다. 이 그룹이 반응을 보이지 않는다면 시장 세분화가 잘못됐거나, 아니면 출시 제품이 전혀 관심을 끌지 못하는 것이라 할 수 있다.

☆★☆ 한겨울에 수영복을 사는 사람들

일본에는 한겨울에 수영복을 파는 회사가 있다? 이상하지만 만약 판매한다면 많은 사람들이 주된 소비층은 10대에서 20대인 젊은 세대라 답할 것이다. 그러나 한겨울에 수영복을 사는 주요 고객은 일본의 시니어들이다.

젊은 세대를 대표하는 제품 중 하나인 수영복은 최근 저출산으로 인해 판매가 눈에 띄게 줄었다. 때문에 수영복 업계는 그동안 놓치고 있던 잠재 고객을 찾아내야 할 처지에 놓였다. 잠재 고객은 다름 아닌 시니어였다.

일본 시니어의 최대 관심사는 역시 건강 유지다. 그래서 한겨울에도 시니어의 상당수는 수중 워킹과 같은 수영 관련 프로그램을 이용하고자 피트니스클럽에 자주 방문한다. 물론 시니어와의 교류 역시 빼놓을 수 없는 이유다. 이전까지 피트니스클럽에서는 겨울 프로그램을 이유로 들며 한겨울에 수영복을 팔지 않았다. 또한, 기존의 수영복은 젊은 세대를 위한 것이었기에 시니어를 위해 준비해 놓은 것도 따로 없었다. 현재는 시니어의 이러한 니즈를 파악하고 한겨울에 섬유 대기업을 중심으로 기능성이 가미된 피트니스 수영복이 잇달아 선을 보였다. 이러한 수영복은 시니어에게 큰 호응을 얻고 있다.

이 사례가 의미하는 것은 무엇일까? 바로 고객이 바뀌면 시장도 바뀐다는 것이다. 시니어는 수영복을 잘 사지 않는다는 잘못된 믿음을 바로잡은 덕분에 일본 수영복 업계는 비수기인 겨울에도 수영복 시장을 부가가치가 높은 시장으로 탈바꿈하였다.

시니어, 극심한 전환기에 놓이다

시니어가 됐다는 것은 극심한 변화의 시간을 경험하고 있다는 것을 의미한다. 여기서 '변화'란 우리가 흔히 생각하는 신체적 변화와 더불어 사회적 변화, 심리적 변화를 더한 폭넓은 개념이다.

과연 어떠한 변화들이 시니어에게 일어나는 것일까? 우리는 지속적으로 시니어 고객의 만족도를 모니터링하면서 이러한 변화를 긍정적인 방향으로 이끌어야 한다. 시니어 고객의 관점에서 그들을 이해하는 역지사지야말로 시니어 마케팅에서 필요한 자세이다.

신체적 변화

■ 눈: 40세 이후에는 수정체의 탄력이 떨어지고 이를 제어하는 근육이 약화돼 근거리에 있는 물체에 초점을 맞출 수 없게 된다. 또, 60세 이후에는 수정체의 단백질이 산화되고 혼탁해지면서 백내장이 생길 수 있다.

■ 귀: 나이가 들어감에 따라 외이도의 벽이 얇아지고 신경과 감각세포가 죽는다. 청력은 50대 중반까지는 대체로 멀쩡하지만, 60~80세 사이에 25% 이상 감퇴할 수 있다. 65세 이상인 사람의 3분의 1이 청력 이상을 경험한다.

■ 폐: 55세 정도에 이르면 폐 조직의 단백질이 탄력을 잃는다. 또,

시니어 마케팅의 힘

흉벽이 굳어가면서 들이마신 공기의 산소를 정맥혈로 운반하는 폐의 능력이 감퇴한다.

■ **근육과 체력**: 나이가 들면 근육은 다른 부위보다 작고 가벼워진다. 근육이 줄어들면서 움직이지 않을 때의 칼로리 소비량이 줄어드는 반면, 지방은 늘어난다.

■ **피부 및 머리카락**: 나이가 들면서 피부층이 얇아지고, 콜라겐 섬유가 퇴화돼 머리카락이 탄력을 잃는다. 50세가 되면 머리카락의 절반 정도가 백발로 변하고, 60세 이상 남성의 대다수가 부분적으로 탈모가 될 가능성이 높다.

■ **뼈와 연골**: 50세 이후에는 골밀도가 낮아지고 관절연골이 퇴화한다. 에스트로겐 수치가 급감하면서 폐경기 여성의 경우 뼈 손상이 가속화된다.

■ **신장과 동맥**: 지방성 퇴적물과 반흔조직이 서서히 혈관 내벽에 축적돼 심장, 뇌 등 각종 기관으로 가는 혈류량을 줄인다. 이때 혈압이 높아지기도 한다.

■ **뇌와 신경**: 30세부터 90세 사이에 뇌 용량이 10% 감소하고 뉴런의 밀도가 낮아진다. 정보처리능력은 감퇴하지만 주의력과 언어능력에는 이상이 없다.

심리적 변화

■ **신중한 태도**: 인간관계에 있어서 조심스런 태도를 보인다. 새로 알게 된 사람에게 쉽게 자신을 드러내지 않고, 시간을 함께 보내며

그 사람을 직접 검증하길 원한다. 제품 구매에 있어서도 영업 사원의 말을 바로 믿지 않고 자신의 경험과 지식에 비춰 신중하게 결정하는 경향이 강하다. 영업 사원에게 작은 일을 맡겨 보고 이후의 관계를 결정하기도 한다.

■ **과거 지향적**: 시니어는 어떠한 판단을 내릴 때 과거의 시행착오에서 해결법을 찾으려 한다. 그들에게 과거에 자신이 직접 경험했던 시행착오보다 더 좋은 지침은 없다. 때로는 과거에 좋았던 때를 회상하면서 그 시절이 영원하지 못함에 아쉬워하기도 한다.

■ **높은 의존성**: 전보다 신체적, 정신적으로 약해지면서 믿을 만한 사람을 찾아 그들에게 의지하고픈 성향이 커지게 된다. 특히 빠르게 변화하는 시대를 쫓아가지 못함을 느낄 때, 타인에 대한 의존성은 더욱더 커진다.

■ **갑작스런 우울감**: 자신이 더 이상 사회의 중심 주체가 아님을 느낄 때, 특히 직장에서 퇴직을 하게 되면 갑작스레 우울감이 찾아온다. 퇴직과 함께 삶의 의미 상실, 인적 네트워크의 축소, 경제력의 약화를 경험할 때 스스로를 낮잡아 보며 우울해지기 쉽다.

사회적 변화

■ **환경의 변화**: 회사 등 다양한 사회적 만남을 떠나 집과 가정이 시니어의 주요 환경이 된다. 또, 전원주택으로 이사하거나 해외로 이민을 떠나는 경우 삶의 터전이 크게 바뀌기도 한다.

■ **소속집단의 변화**: 회사 조직에 몸담았던 시니어는 은퇴와 함께

사회에서의 모임을 그만두게 된다. 일과 관련해서 알고 지내던 사람들과는 멀어지고, 다시 친구와 가족과의 만남이 잦아진다.

■ **역할의 변화**: 은퇴 전의 시니어는 회사에서는 맡은 업무가 있고 가정에서는 경제적 책임이 있었다. 은퇴 후에 이러한 역할이 없어지면서 자신의 존재감과 삶의 의미에 대해서 다시 생각해 보게 된다.

☆☆☆ 일본의 50대 시니어가 말하는 '인생의 변화를 느낄 때'

남성	1위: 직업의 변화(45.9%)	정년퇴직(15.5%), 회사 처우 변화(10.9%), 회사 도산·구조조정(8.0%), 전직·독립(6.8%), 출세·책임감 증가(2.8%), 재취직(1.7%)
	2위: 신체 트러블의 발생 (27.5%)	체력 감소 인식(11.4%), 질환·수술 경험 후(8.0%), 노화 현상 등 신체 변화(5.1%), 더딘 컨디션 회복(2.8%)
	3위: 가족관계의 변화 (8.6%)	자녀 결혼·독립·성장(8.0%), 부모 부양·노화·질환(0.5%)
	4위: 기타(8.6%)	–
	5위: 연령 증가(5.1%)	연령 의식(4.0%), 노후 고려(1.1%)
	6위: 가까운 이들의 질환 및 죽음(4.0%)	부모 죽음(2.8%), 친구·지인 죽음(0.5%), 가족 질환(0.5%)
여성	1위: 가족관계의 변화 (29.2%)	자녀 결혼·독립·성장(21.9%), 부모 부양·노화·질환(2.9%), 부부간 불화(2.4%), 결혼(0.9%), 새로운 가족원인 손주를 봄(0.9%)
	2위: 신체 트러블의 발생 (26.3%)	질환·수술 경험 후(8.2%), 체력 감소 인식(6.3%), 노화 현상 등 신체 변화(4.3%), 갱년기(4.3%), 더딘 컨디션 회복(2.9%)
	3위: 직업의 변화(20.4%)	남편의 퇴직·구조조정(7.8%), 자발적 정년퇴직(6.8%), 회사 도산·구조조정(1.9%), 파트타임 등의 시작(1.9%), 업무의 막다름(0.9%), 출세·책임감 증가(0.4%), 독립(0.4%)
	4위: 가까운 이들의 질환 및 죽음(17.5%)	남편 죽음(8.7%), 부모 죽음(5.8%), 가족 질환(1.9%), 친구·지인 죽음(0.9%)
	5위: 기타(5.8%)	–
	6위: 연령 증가(0.4%)	–

* 출처: 일본 덴츠 소비자연구센터 자료 기초

시니어는 십인십색 다양하다

TV 광고나 지하철 광고에 나오는 시니어의 모습은 언제나 똑같다. 단정한 외모에 중후한 백발을 하고는 인자한 얼굴로 손주를 안고 있는 모습이다. 시니어를 표현할 때 유사한 이미지, 동일한 광고 모델이 자주 활용되는 것은 그만큼 시니어를 바라보는 우리의 관점이 획일적이기 때문이 아닐까 싶다. 현실의 시니어는 이와는 정반대로 십인십색의 다양성이 존재한다. 같은 시니어라 하더라도 그들 사이에는 다음과 같은 여러 가지 차이점이 있다.

시니어가 처한 상황은 개인에 따라 다르며, 특히 건강 상태에는 큰 차이를 보이기도 한다.

인생 단계(Life Stage)의 차이

직업의 유무, 가족과 배우자의 유무, 손주의 유무 등을 포함하여 부동산, 금융자산의 현황 등도 인생 단계에 따라 각기 크게 다르다.

가치관의 차이

짧지 않은 인생을 살아오면서 시니어는 자신만의 관점을 발전해 왔고, 그것을 쉽게 바꾸지 못한다.

기호의 차이

어떤 시니어는 나이에 따라 사회의 통념적인 기호를 그대로 받아들이는가 하면, 어떤 시니어는 젊은 세대의 기호를 계속 따라가고자 한다.

수입의 차이

사회에 첫발을 내딛었을 때에는 경제활동에 따른 개인별 소득의 차이가 그리 크지 않다. 그러나 시니어가 되면 경제력의 격차가 매우 커진다.

☆★☆ 일본 시니어들은 은퇴 후에 어떻게 지낼까?

은퇴 후 시니어는 일상생활을 어떻게 보내고 싶어 할까? 자연환경이 좋은 전원주택에서 취미 활동과 운동으로 여가 시간을 보내고, 가끔씩 부부 여행을 즐기는 한가로운 모습뿐일까?

일본의 유명 광고회사인 일본 하쿠호도Hakuhodo사의 시니어 비즈니스 추진실에서는 아래와 같이 '시니어의 은퇴 후 인생코스'에 대해 조사하였다. 조사 결과는 예상 외로 매우 다양했다.

전통 코스

남들처럼 학교에 가고 취직을 하고 결혼을 하고, 은퇴 후에는 유유자적하며 사는 코스다. 남자든 여자든 별 차이 없이 은퇴 후에 가장 일반적으로 볼 수 있는 방식이다.

정년 이민 코스

최근 시니어들은 은퇴 후 해외에서 사는 것을 긍정적으로 생각하는 경우가 많다. 현재 세계 어디에 있든지 본국과 연락이 가능해지면서, 기왕이면 기후가 좋은 외국에서 살려는 사람들이 늘고 있다. 시니어 중에는 해외에서 잠시 머물렀거나 거주했던 사람이 적지 않다. 따라서 은퇴 후 이민에 대한 저항감이 점점 없어지고 있으며, 앞으로 이 코스는 더욱더 증가할 것으로 보인다.

사회 공헌 코스

인생 후반을 비영리단체NPO(Non Profit Organization)에서 활약하는 코스다. 최근 시니어에게 만족감을 주는 코스로 인기가 높아지고 있다. 아예 젊은 시절부터 비영리단체에서 활동하며 시니어 때까지 계속하는 사람도 많다. 은퇴 후에 비영리 법인에서 활동하는 경우가 가장 일반적이다. 앞으로 비영리단체의 환경은 더욱더 개선되고, 해외 네트워크 또한 확장될 것으로 예상된다. 때문에 사회에 공헌하면서 외국에서 거주할 수도 있다.

대기만성 코스

일을 하지 않는 대신 학업을 닦는 코스를 말한다. 보통 오랫동안 공부하는 작가, 음악가, 화가, 만화가, 배우 등 예술가들에게서 이러한 방식을 볼 수 있다. 여러 가지 이유로 젊은 시절에 학업을 멈췄던 시니어가 뒤늦게 공부하는 만학 코스도 이에 해당한다. 이미 대학교 및 대학원 학생 중에 은퇴자의 비율이 높아지는 추세다. 나이 많은 학생을 가르치는 것이 부담스럽다던 대학교수들도 최근에는 시니어 학생이 풍부한 경험이 있어 학문을 깊이 이해하고, 젊은 학생에게도 학업의 자극을 준다며 긍정적으로 받아들이고 있다.

시니어 세대와
과거 노인 세대와의 차이

레저용품의 가장 큰 소비층은 누구일까? 당연히 20~30대의 젊은 소비자가 아닐까 싶지만, 정답은 바로 시니어들이다.

레저와 스포츠를 즐기는 시니어를 의미하는 '시니어 레포츠족'이 최근 유통업계의 큰손으로 떠오르고 있다. 예전의 시니어와는 달리 오늘날의 시니어는 여전히 건강한 데다 경제적으로도 여유가 있어 쉽게 지갑을 열기 때문이다. 전통적으로 시니어가 주요 고객이었던 시장뿐 아니라, 젊은 세대가 주요 고객이라고 여겨졌던 시장에 있어서도 시니어 고객의 입김이 갈수록 세지고 있다.

베이비붐 세대의 본격적인 은퇴와 함께 능동적 삶을 추구하는 시니어의 급격한 부상으로 과거에 부정적으로 일컬어지던 노인 시장, 다시 말해 시니어 시장이 급격하게 변화하고 있다. 그들은 한국 경제 성장기의 주역에 걸맞게 여유 있는 경제력을 바탕으로 여가와 문화 산업 등에서 주요 소비 주체로 떠오르고 있다. 특히 베이비붐 세대의 시니어는 미래 시니어 시장의 트렌드를 이끌고, 시니어 비즈니스의 성장을 주도할 주인공이므로 그들에 대한 심층적인 분석이 필요하다.

그렇다면 베이비붐 세대는 과거 노인 세대와는 어떤 차이점을 갖고 있을까?

소득·소비 수준이 높다

요즘 시니어들은 노후 준비를 위해 금융자산, 부동산 등을 다양한 정보와 전문가의 컨설팅으로 잘 관리해 왔다. 때문에 이를 통한 높은 수준의 소비생활이 가능하다.

사람과의 관계를 중요시한다

과거 노인 세대는 은퇴 후 사회적 관계가 급속히 축소되면서 가족 중심의 생활을 했다. 그러나 오늘날 시니어는 기존의 자녀, 손주들과의 가족관계를 중시하는 것은 기본이고, 각종 사회 활동, 즉 여러 모임에 활발히 참여하여 활동 영역을 넓혀 나가고 있다.

왕성하게 활동한다

사회생활에서 한발 물러나 조용하게 보내던 예전 노인과 달리, 시니어들은 자신이 계획했던 활동들, 예를 들면 꾸준한 건강관리, 평생교육, 여가활동, 자원봉사 등을 적극적으로 실천하고 있다. 또한 사회의 일원으로서 다양한 활동을 통해 다른 세대들과의 활발한 교류를 추구한다.

IT기술을 통한 삶의 변화를 추구한다

과거 노인 세대는 인터넷, 스마트폰과 같은 IT기기에 의한 관계보다는 직접 사람을 만나는 대면관계를 선호하였다. 반면, 오늘날 시니어는 인터넷 쇼핑, SNSSocial Network Service(소셜 네트워크 서비스) 등 다양한 인터넷 서비스 및 디지털기기의 활용으로 자신의 삶을 변화해 나가는 것에 관심이 많다.

정보 습득에 적극적이다

시니어는 평소에도 인터넷을 통해 흥미 있는 것에 대해 정보를 모은다. 그리고 자신이 관심 있는 분야에 대한 학습에 적극적이다. 또한, 정보 수집에 그치는 것이 아니라, 이를 자신의 소비활동에 적극적으로 활용한다. 이에 비해 과거 노인 세대는 정보 수집에 있어서 가족, 친구, 지인의 소개 또는 영업 사원의 설명에 의지하는 수동적인 태도를 보인다. 또한, 소비활동에 있어서도 주도적으로 결정하기보다는 자신이 신뢰하는 사람에게 일임하는 태도를 보인다.

합리적인 판단을 내린다

과거 노인 세대는 신뢰할 수 있는 담당자나 오랫동안 거래해 온 기업에 의존하는 '정서적 가치관'을 지닌 반면, 시니어는 서비스에 대한 내용 제공을 중시하는 '합리적 가치관'을 따른다. 시니어는 대인관계에 의해서 상품을 강요하는 것을 싫어하며, 더 매력적인 서비스를 제시하는 기업이 나타나면 언제든 자신의 거래 상대를 바꿔 버린다. 앞으로 시니어에게 계속 지지를 받기 위해서 기업은 상품의 마케팅 채널 측면에서 지속적인 경쟁우위를 유지해 나가야 할 것이다.

멋지게 나이 들고 싶어 한다

시니어는 젊은이 못지않게 건강과 유행에 민감하다. 소위 노인으로 보이는 것을 싫어하며, 문화, 레저 활동에 적극적이다. 때문에 헬스 시설과 문화 공간을 갖춘 도심형 실버타운이 인기를 끌고 있다. 쾌적한 환경에서 비슷한 계층의 사람들과 인생을 즐기며 살고픈 시니어에게 도심형 실버타운은 매력적인 주거 형태라 할 수 있다.

★★★ 단카이 세대의 등장에 따른 일본 소비 시장의 활성화

일본에서는 2차 세계대전 전후에 태어나 최근 잇따른 퇴직으로 크게 늘어난 새 시니어 세대를 일컬어 '단카이團塊' 세대라고 부른다. 단카이는 일본어로 '덩어리'라는 뜻으로, 그만큼 퇴직자가 최근 들어 크게 늘어났음을 의미한다. 일본의 광고회사 덴츠Dentsu가 수도권에 거주하는 단카이 남성과 단카이 남성을 남편으로 둔 여성 200명을 대상으로 소비 성향을 조사하였다. 조사 결과, 단카이 세대의 정년에 따른 소비 시장 규모는 퇴직 전 약 1조 1746억 엔, 퇴직 후 약 6조 5990억 엔으로, 합계 약 7조 7736억 엔에 달하는 것으로 나타났다.

단카이 세대의 등장에 따른 일본 소비 시장 규모의 변화

퇴직 전

소비 시장 분야	금액 규모(억 엔)
취미(스포츠 이외)	4448
학습	2669
취미(스포츠 관련)	2378
퇴직 후에 필요한 물품 구입	829
네트워크를 만들기 위한 외식	762
기타	660
합계	**11746**

퇴직 후

소비 시장 분야	금액 규모(억 엔)
부동산 관련	40800
－별장 구입	27422
－이사, 리폼	13378
퇴직 여행	11161
－해외여행	9804

−국내여행	1357
금융 상품 구입	6755
−주식, 투자신탁 등 자산 운용	5963
−회원권 구입	792
고액 상품 구입	4041
−자동차, 자전거 등 교체	3230
−보석, 시계, 브랜드상품 등 고가품 구입	85
−컴퓨터 구입	49
−대형 가전 및 AV 기기 구입	37
−스포츠용품, 악기 등 취미용품	23
−기타	617
학습	2442
−해외유학	1037
−대학교 및 대학원 등에서 공부	725
−기타	292
−영어회화 등 외국어 학습	202
−자격 취득	186
외식	667
기타	124
합계	**65990**

시니어 마케팅의 힘

끊임없이 성장하는 시니어 시장

국내의 한 유명 백화점이 집계한 자료에 따르면, 백화점 멤버십 전체 회원 중 60대 이상은 전체 회원 중 6.5%에 해당한다고 한다. 그러나 이 6.5%가 전체 매출에서 차지하는 비중은 12.1%로 회원 비율의 두 배에 달한다. 이처럼 시니어는 매출 측면으로는 무시 못할 중요 고객이라 할 수 있다.

국내 시니어 시장은 외적인 급성장뿐 아니라, 내적으로 시장 분야도 확대되고 있다. 기존의 보건의료, 실버타운 분야를 넘어 시니어 세대만을 대상으로 하는 여행, 레저, 쇼핑, 엔터테인먼트, 디지털콘텐츠 등까지 분야를 넓혀 가고 있다. 그렇다면 시니어 시장이 소비 시장의 거스를 수 없는 흐름인 이유는 과연 무엇일까?

1. 시니어 증가가 불가피하다

세계적으로 인구구성의 발전 형태를 보면 과거 피라미드 유형에서 종 유형, 항아리 유형과 같이 고령 인구가 비중이 커짐을 볼 수 있다. 또한 의학의 발달로 평균수명이 오르고 있어, 고령화 추세는 당분간 꺾이지 않을 전망이다.

2. 시니어는 여전히 젊다

일찍이 오늘날처럼 시니어가 신체적으로든 경제적으로든 자녀나 가족으로부터 독립적인 때는 없었다. 오늘날 늙는다는 것은 연령과는 상관없는 개념이 되었으며, 오히려 생활환경이나 삶의 즐거움 등과 밀접하게 관련되어 있다고 볼 수 있다. 따라서 나이 든다는 것은 어떤 기준에 의해 일률적으로 구분되는 것이 아니라, 인간관계 속에서 주관적으로 느끼는 것으로 이해해야 할 것이다. 오늘날의 시니어는 건강하고 적극적이며 긍정적인 사고방식으로 인생을 즐기고자 한다. 따라서 여전히 젊다고 할 수 있다.

3. 시니어는 가치에 돈을 지불할 의사가 있다

시니어는 오랜 기간 소비 경험을 쌓았기 때문에 자신이 원하는 것을 정확히 알고 있으며 가격보다는 가치가 중요하다는 것을 인식하고 있다. 그렇기에 시니어는 좋은 상품을 위해서라면 기꺼이 돈을 지불할 의사가 있다.

4. 시니어는 실험 정신이 많다

대부분의 경우, 시니어는 자신의 선호 브랜드를 잘 바꾸지 않는다고 생각한다. 바로 이런 시각이 기업으로 하여금 시니어를 신상품 고객으로 만들려는 노력에 소홀히 하게끔 했던 이유이기도 하다. 그러나 브랜드 교체의 성향은 시니어에게서 특히 두드러진다. 따라서 기업에서 새로운 수요를 창출하고자 할 때, 시니어 시장을 눈여겨봐야 할 것이다. 단, 시니어 계층은 젊은 세대에 비해 외부 영향에 덜 민감하기 때문에 그들의 생각이나 태도를 바꾸기 위한 외부 자극이 더 필요하다.

5. 시니어는 광고에 관심이 많다

일반적으로 젊은 세대는 개방적이어서 광고를 쉽게 받아들이는 반면, 시니어 계층은 광고에는 관심이 없다는 편견이 만연하다. 그러나 이는 사실과 다르다. 시니어 계층이 젊은 세대보다 광고를 접할 시간이 많을뿐더러, 광고의 메시지를 다시 알아볼 여유가 있기 때문이다.

그렇다면 시니어 시장의 유망분야에는 어떤 것이 있을까? 다양한 의견들이 있지만 전문가들이 공통적으로 언급하는 시장을 다섯 가지로 분류해 보았다.

1. 건강 시장

시니어의 최대 관심사는 건강이다. 한 신문사의 조사에 따르면 베이비붐 세대의 34%가 신체 질환을 앓고 있으며, 주요 질환으로는 고혈압, 관절염, 위장질환, 당뇨, 고혈당 순이라고 한다. TV 프로그램 중 시니어를 주시청자로 하는 건강 프로그램은 항상 높은 시청률을 기록하고 있다. 또한, 시니어를 위한 건강 관련 제품 및 서비스 시장은 계속해서 커지고 있다.

2. 다운에이징(down-aging) 시장

시니어가 젊어 보이기 위해 성형하는 것은 이제 특별한 일이 아니다. 대부분의 시니어가 젊어 보이고 싶어 하며, 젊음을 되찾고 싶다는 욕망을 강하게 가지고 있다. 이와 같은 현상을 다운에이징down-aging, 즉 젊어 보이고 싶어 하거나 어린 시절로 되돌아가고픈 욕구라고 한다. 안티에이징 화장품이나 시니어를 대상으로 한 성형외과의 광고를 보면 시니어가 얼마나 젊음을 추구하는지 알 수 있다.

3. 컴포터블(comfortable) 시장

요즘 인기 있는 실버타운을 여러 곳 방문해 보면 어떤 공통점을 발견할 수 있다. 바로 '편안함'이다. 편안함을 목적으로 실버타운 내에는 모든 시설들이 구비되어 있고(은행 지점, 병원, 헬스장 등), 생활하는 데 필요한 서비스(식사, 세탁, 청소 등)가 일괄적으로 제공된다. 또한 주거 시설의 경우, 공간이 크지 않지만 부부가 편안히 살기에는 전혀 부족함이 없다.

4. 엔터테인먼트 시장

치열하게 인생을 살아온 시니어는 은퇴 후 남은 인생을 즐겁게 보내고 싶어 한다. 특히 물질적으로보다는 정신적으로 만족하는 삶을 추구하는 경향이 강해, 여행, 학습, 취미 등에 관심이 많다.

5. 여성 시장

여성은 평균적으로 남성보다 오래 사는 것으로 알려져 있다. 따라서 고령화 사회란 달리 말하면 시니어 여성이 소비력의 우위를 점하는 사회를 의미한다. 하지만 대다수의 기업은 아직 시니어 여성을 대상으로 하는 마케팅 활동에 많은 노력을 기울이지 않고 있다. 시니어 여성 시장은 매력이 떨어진다고 하는 선입견 때문이다. 그러나 이미 많은 글로벌 금융회사에서는 시니어 여성을 위한 세미나 이벤트를 실시하고 있다. 시니어 여성의 소비력이 늘어나는 것을 느꼈기 때문이다. 이러한 현상을 바탕으로 앞으로는 시니어 여성을 의식한 제품이나 서비스의 제공, 점포 구축 등이 시장에서 부각될 것이다.

☆☆☆ 일본의 온천 휴양지 문화를 바꾼 시니어 여성 시장

다음은 일본 TBS라디오 등에서 캐스터 및 해설자로 활약하고 있는 시마 노부히코 씨의 〈시니어 여성이 좋아하는 온천〉이라는 글을 요약한 것이다.

1980년대까지 유행하던 관광지는 벳푸 온천, 아리마 온천, 아타미, 노보리베쓰 등지였다. 당시 기업 문화 중 하나는 기업의 종업원과 거래처 또는 대리점 직원 등 업무 관계자를 데리고 온천 관광지에서 거창하게 한판 벌이는 것이었다. 밤에는 기생들을 불러 야단법석을 떨고, 다음 날 아침에는 골프 대회를 여는 등, 2박 3일 정도 사람들을 접대했다. 그에 따라 온천지도 변화하였다. 당시에 고객이 밖에 나갈 필요가 없게끔 라면집, 초밥집, 메밀국수집, 가라오케 등을 갖춰놓기도 했다. 따라서 고객은 호텔이나 여관 밖으로 한 발자국도 나갈 필요가 없었다. 이로 인해 온천의 지역 거리는 점차 쇠퇴해졌다.

그러나 지금은 일본 경제가 거품으로 붕괴하면서 그때와 같은 기업의 접대 문화는 거의 사라진 상태다. 현재 온천의 주요 고객은 여성으로, 특히 시니어 여성이 많은 편이다. 여행사의 말에 따르면 80% 정도가 여성과 시니어 여성이고, 나머지 20%는 '나도 함께 데려가 줘'라고 해서 '나도족'이라고 불리는 시니어 남성이라고 한다. 일정은 3일 정도이지만, 예전에 유행했던 온천지에는 결코 가지 않는다. 즉, 벳푸가 아니라 그곳에서 한 시간 이상 더 들어가야 하는 유후인 또는 유후인 안에 있는 구로카와 온천에 가는 것이다. 마찬가지로 작은 교토 같은 쓰와노에 가거나 오쿠히다에 가거나 후라노에 가거나 또는 아이즈와카마쓰, 구라시키, 나가하마 등에 간다. 바꾸어 말하면 고도 성장기에 유행한 온천지와는 전혀 다른 온천지에 가는 것이다.

유후인이나 기후 현의 오쿠히다만 해도 결코 교통이 편리하다고 할 수 없다. 즉, 그곳에 가는 이유가 시간 때문이 아니라는 것이다. 시니어 여성의 구하려는 것은 웰빙이든 유유자적이든 역사, 문화, 전통, 자연환경이 좋거나 음식이 맛있고 쇼핑을 할 수 있는, 즉 감성으로 선택한 여행지인 것이다. 게다가 시니어 여성은 온천 휴양지를 함께 갈 사람들을 많이 만나고 있다. 자원봉사나 문화센터에 다니면서, 또 다과회 등 여러 모임을 통해 사람들과 교류하고 있는 것이다. 시니어 여성들의 여행 동행자는 대부분 모임에서 만난 사람으로, 남편은 대체로 집을 지킨다.

이처럼 시니어 여성 시장은 한 분야의 판도를 바꿔놓기도 한다. 특히 다양한 모임을 통해 많은 인원이 움직이고, 꾸준히 여행을 즐긴다는 점에서 주목할 만하다. 시니어 여성이 여행에서 시니어 남성과 달리 시간이나 금전의 영향을 덜 받는다는 점도 유념해야 할 것이다.

시니어를 이해하기 위해서 알아야 할 것

　몇 년 전부터 '7080'이라는 문화 콘텐츠가 유행하기 시작했다. 즉, 1970~1980년대 음악이 오늘날 복고라는 이름으로 다시 불리기 시작한 것이다. 7080 관련 TV 프로그램이 고정으로 방송되기도 하고, 거리에는 라이브 카페가 등장했다. 또한, 그 시대의 노래로 뮤지컬까지 만들어지고 있다. 물론 그러한 7080 트렌드가 생기게 된 데에는 그러한 콘텐츠에 돈을 주고 소비하려는 시니어 고객이 있었기 때문이다.

　시니어 마케팅을 성공적으로 해내기 위해서는 시니어 세대가 공감할 만한 것들에 대한 이해가 우선적으로 필요하다. 그렇다면 시니어 세대가 공감할 수 있는 콘텐츠에는 무엇이 있을까? 여기서 세대란 같은 시대에 태어나 같은 역사를 겪음으로써 자연스럽게 비슷한 정치·사회 의식을 갖게 된 특정 기간의 연령층을 의미한다.

　시니어는 한국 사회의 경제개발 세대로 표현되며, 다음과 같은 사회·문화적 배경을 갖고 있다.

정치적 격동기

　시니어는 어린 시절과 학창시절 때 혁명과 군사 쿠데타 그리고 여러 민주화운동을 경험한 세대다. 표현의 자유가 없었던 시기뿐 아니라, 남북한의 이데올로기적 대립을 경험한 세대이기도 하다. 시니어에게 있어서 이러한 정치적 격변은 자신의 가치관과 성향을 정립하는 데 있어서 매우 큰 영향을 주었다.

고도의 경제 성장기

시니어는 취업 걱정을 별로 하지 않았던 세대다. 그들이 사회에 진출할 즈음 수출 붐이 일어나 대기업들은 인력을 대규모로 채용하였고, 정부도 경제 발전에 맞춰 공무원 채용 인원을 늘리기 시작하였다. 취업 걱정을 하지 않고 사회에 진출한 시니어 세대의 행운은 그 이후에도 이어졌다. 대기업에 취업한 시니어는 한국 경제의 성장과 그에 발맞춘 기업의 발전으로 인해 많은 수가 임원으로 승진하고 정년까지 근무하는 혜택을 누렸다. 한국 경제성장의 중심에 있었던 세대인 것이다.

IMF 외환위기

시니어는 고도성장뿐 아니라 경제적 시련도 경험한 세대이다. 그들은 자신이 40~50대였을 때 터진 IMF 외환위기로 주위의 동료가 회사를 떠나는 것을 보아야 했다. IMF 이후 시니어의 경제에 관한 시각은 점차 낙관적에서 현실적으로 바뀌었다. 결국 믿을 것은 자기 자신뿐임을 깨달은 것이다.

핵가족 시대의 도래

대가족 제도는 1970년대 경제개발의 시작과 함께 점차 해체의 길로 들어섰다. 그 중심에는 시니어 세대가 있었다. 시니어가 도시로 옮겨 와 직장을 얻고 결혼을 하여 새로운 가정을 꾸미면서 핵가족 시대가 시작됐다. 다수의 시니어가 자녀에게 의지하지 않고 독립적으로 살려는 것도 이러한 핵가족 시대를 경험한 데서 기인한 것으로 볼 수 있다.

대한민국 첫 중산층

우리나라에 중산층이 형성되기 시작한 시점은 1980년대 중반부터라고 할 수 있다. 그리고 중산층의 주역에는 시니어가 있다. 1980년대 중후반에 불어닥친 국제유가 하락, 원화가치 하락, 국제금리 하락, 이른바 '3저 호황'은 시니어가 경제성장의 결실을 많이 가질 수 있도록 하였다. 이때를 시작으로 시니어 세대는 우리나라 경제에 중추적인 존재로 자리하게 되었다.

끊임없는 경쟁의 시작

베이비붐 세대가 태어나던 1955~1963년만 해도 인구문제를 해결할 요량으로 산아제한정책이 실시되지 않았던 시기였다. 인구 증가에 따른 치열한 경쟁을 거친 세대가 바로 시니어 세대다. 어렸을 때는 형제들과, 학생 때는 대학 입학을 위해, 대학생일 때는 좋은 직장에 취직하기 위해, 직장인일 때는 승진을 위해, 회사 간부일 때에는

시니어 마케팅의 힘

글로벌 기업과의 경쟁 속에서 바쁘게 살아야만 했다. 고로 시니어 세대는 생존에 대한 강한 책임감이 있다.

개인보다는 조직 우선

시니어 세대는 평생을 회사라는 조직을 위해 살았다고 해도 과언이 아니다. 가족과 자신보다는 직장과 업무를 우선시해 온 것이다. 시니어 세대가 '회사형 인간'이 된 것은 치열한 경쟁 때문도 있지만, 가족을 책임져야 한다는 의무감이 어느 세대보다도 강했기 때문이다.

시니어에게 효과적인 마케팅 활동을 하기 위해서는 이러한 시니어의 사회·문화적 배경을 알아 두어야 한다. 시니어의 삶을 이해하는 것은 그들의 경계심을 풀고 더욱 친밀하게 다가가기 위함이다. 또한, 이는 시니어 마케팅의 성공적인 실행을 위한 중요 사항이다.

☆☆☆ 대한민국 시니어의 역사

연도	주요 쟁점
1945	8.15 광복
1946	좌우합작위원회 구성
1947	여운형 피살
1948	초등교육 의무화
	대한민국 정부 수립. 초대 대통령 이승만 취임
	여수·순천 10·19 사건
	아모레퍼시픽(옛 태평양) 최초의 히트 브랜드 '메로디 크림' 발매
1949	농지개혁법 제정
	김구 피살
1940년대 문화 트렌드	가요(비 내리는 고모령, 신라의 달밤, 가거라 삼팔선, 삼다도 소식, 귀국선), 영화(자유만세)
1950	한국전쟁 발발
	인천상륙작전
1951	1.4 후퇴
	거창양민학살사건
1952	제2대 대통령 이승만 당선
1953	한국 휴전 협정
	한미상호방위조약 체결
1954	2차 개헌(사사오입 개헌)
1955	베이비붐 세대 등장
	중학교 및 고등학교 분리 결정
	첫 국산 승용차 시발 생산
1956	제3대 대통령 이승만 당선
1957	가짜 이강석 사건
	제1회 미스코리아대회 개최
1958	진보당 사건
	국가보안법 개정안 국회 통과
1959	이미자, 열아홉 순정으로 데뷔

시니어 마케팅의 힘

1950년대 문화 트렌드	맘보바지 유행, 정비석의 연재소설《자유부인》을 둘러싼 공방전, 가요(단장의 미아리고개, 굳세어라 금순아, 이별의 부산정거장)
1960	3.15 부정선거에 따른 4.19 혁명
	이승만 대통령 하야
	제2공화국 대통령 윤보선 선출
1961	5.16 군사 쿠데타
	장면 내각 사퇴
1962	제1차 경제개발5개년계획 발표
	윤보선 대통령 사임
	김종필-오하라 메모 작성
1963	서독에 광부(247명) 첫 파견
1964	6.3 사태(한일협정 반대시위)
	인혁당 사건
1965	한일협정 완전 타결
	우리나라 최초의 냉장고 출시(금성의 '눈표냉장고')
1966	한미행정협정 체결
	최초의 한국산 TV 출시(금성의 '샛별텔레비전')
	MBC 10대 가수상 제1회 가수왕 '하숙생'의 최희준
1967	제6대 대통령 박정희 당선
	동백림 사건
	윤복희 미니스커트 입고 귀국
1968	1.21 사태(김신조 무장공비 사건)
	중학교 무시험제도 통과
	국민교육헌장 선포
1969	클리프 리처드(Cliff Richard) 내한 공연(이화여자대학교 대강당)
1960년대 문화 트렌드	장발 및 미니스커트 단속, 트로트·슬로우록·폴카·맘보·트위스트 등 다양한 음악 장르 출현(배호, 이미자 최희준, 정훈희, 현미, 한명숙 등), 남진·나훈아 라이벌 시대 시작, 트로이카 1세대(문희, 남정임, 윤정희), 영화 '맨발의 청춘' 상영(신성일, 엄앵란 주연), 잡지 창간 열풍(신동아, 뿌리 깊은 나무, 샘터, 주부생활, 여성동아 등), CM송 등장(진로소주, 닭표간장, ABC화장품)

1970	정인숙 피살 사건
	와우아파트 붕괴 사고
	새마을운동 실시
	경부고속도로 개통
	전태일 분신 사건
1971	제7대 대통령 박정희 당선
	남북적십자회담 첫 개최
	제1회 전국우량아선발대회(남양유업 및 문화방송 공동 개최)
1972	7.4 남북공동성명 합의 발표
	10월 유신(계엄 선포, 국회 해산, 대학교 휴교)
	제8대 대통령 박정희 당선(통일주체국민회의 조직)
	최초의 국민 드라마 '여로' 방송
1973	제32회 세계탁구선수권대회 한국 우승
	6.23 평화통일외교정책선언
	김대중 피랍 사건
1974	8.15 저격 사건(육영수 피격)
	민청학련 사건
	비무장지대 땅굴 발견
	영화 '별들의 고향' 관객 46만여 명 동원
1975	국산 자동차 1호 '포니' 생산
	긴급조치 9호 선포
1976	판문점 도끼 만행 사건
	박동선 사건(코리아게이트)
	만화영화 '로보트 태권브이' 상영(대한극장)
1977	제1회 MBC 대학가요제 개최
	고상돈, 한국 최초 에베레스트 산 등정
	이리역 참사
	수출액 100억 달러 달성
1978	제9대 대통령 박정희 취임
1979	석유파동(석유 관련 제품의 가격 59% 규모 가까이 인상)
	10.26 사태, 박정희 대통령 피살
	12.12 군사 정변

시니어 마케팅의 힘

1970년대 문화 트렌드	하이틴 청춘영화 열풍(고교얄개, 영자의 전성시대, 사랑의 스잔나, 토요일밤의 열기 등), 통기타·청바지·생맥주 문화·고고 유행, 코미디 전성시대, 트로이카 2세대(정윤희, 장미희, 유지인), 음악다방·음악감상실·DJ 유행
1980	한국방송공사 컬러텔레비전 방영 시작
	5.18 광주민주화운동
	최규하 대통령 하야
	삼청교육대 사건
	언론 통폐합
	'교육정상화 및 과열과외 해소방안' 발표(대입 본고사 폐지, 졸업정원제 실시)
1981	제12대 대통령 전두환 당선
	해외여행 자유화 조치
	한국프로야구 출범 공표
1982	중학교 교복 및 두발 자율화 발표
	야간통금 조치 전면 해제
	이철희–장영자 어음사기사건
1983	KBS 이산가족찾기 생방송 시작(1만 189명 혈육 상봉)
	버마 아웅산묘소 폭발 사건(한국 고위 관리 17명 사망)
	대도 조세형 탈주 사건
1984	교황 요한 바오로 2세 방한
	올림픽고속도로 개통
1985	한국 최초의 시험관 아기 탄생
1986	납북된 최은희–신상옥 부부 탈출
1987	박종철 고문치사 사건, 이한열 사망 사건
	6.10 민주항쟁
	제13대 대통령 노태우 당선
	김현희 KAL기 폭파 사건
	국내 최초의 PC통신 '천리안' 개시
1988	서울올림픽 개최
	5공 비리 청문회

1989	문익환 목사, 임수경 평양 방문
	베를린장벽 붕괴
	정주영, 한국 기업인 최초로 북한 방문
1980년대 문화 트렌드	한국 대중소설의 전성기(최인호, 이문열, 김홍신), 에로영화 열풍, 자가용 구입, 아파트 개발 열풍, 주식 폭등, 조용필 국내 최초 단일 앨범 100만 돌파, 홍콩 느와르 영화 열풍(주윤발, 장국영, 유덕화)
1990	소련과 국교 수립
1991	걸프전 발발
	남북한 유엔 동시 가입
	사상 최대 무역수지 적자(110억 달러)
1992	전국 쌀시장 개방 반대 시위 전개
	황영조, 바르셀로나 올림픽 마라톤 우승
	제14대 대통령 김영삼 당선
	X세대 대명사 서태지와 아이들 데뷔
	중국과 국교 수립
1993	대전 엑스포 개막
	금융실명제 실시
	북한, 핵확산금지조약(NPT) 탈퇴 선언
	서편제, 한국 영화 최초 100만 관객 동원
1994	우루과이라운드 농업협정 체결
	김일성 사망
	성수대교 붕괴 사고
1995	지방자치제 전면 실시
	수출액 1000억 달러 돌파
	한국, 유엔안전보장이사회 비상임이사국 선출
	삼풍백화점 붕괴 사고
1996	국민학교에서 초등학교로 명칭 변경
	한국, 경제협력개발기구(OECD) 가입
	유통시장 개방(이마트, 홈플러스 등 대형마트 오픈)
1997	IMF 외환위기
	황장엽 북한 노동당 비서 망명
	제15대 대통령 김대중 당선

시니어 마케팅의 힘

1998	구조조정 시작
	금강산 유람선 첫 출항
	외채상환 금 모으기 운동
	고속열차 KTX 시험 운행
1999	대우그룹 해체
	옷 로비 사건
	실업자 178만여 명으로 최고 수준(실업률 8.6% 규모)
1990년대 문화 트렌드	주말드라마 열풍(첫사랑, 아들과 딸, 사랑이 뭐길래 등), 첫 한국형 블록버스터 '쉬리' 흥행(621만여 관객), 386세대 여성 소설가 약진(신경숙, 은희경, 공지영, 공선옥, 전경린 등), 개인 휴대통신 서비스 대거 등장(무선호출기, 시티폰, PCS폰, 휴대폰)
2000	남북정상회담 개최
	김대중 전 대통령 노벨평화상 수상
	의약분업 본격 시행
2001	인천국제공항 개항
	미국 9.11 테러 발발
2002	한일 월드컵 개최
	북한, 신의주 경제특구 설치
	제16대 대통령 노무현 당선(386세대 정치권 진입)
	카드 대란
2003	대구 지하철 참사
	북한, 핵확산금지조약(NPT) 탈퇴
	미국-이라크 전쟁 발발
	드라마 '겨울연가' 등에 따른 한류 열풍
2004	국군 자이툰 부대 이라크 파병
	노무현 대통령 탄핵 사건
	주5일 근무제 단계적 시행
	주택거래신고제 실시
2005	북한, 6자 회담 불참 및 핵 보유 선언
	저출산고령사회기본법 공포
	주가 1300대 돌파, 8.31 부동산종합대책 발표
	청계천 복원 공사 완료
	황우석 논문 조작 파문

2006	한미 FTA 협상 출범 공식 선언
	북한, 대포동 2호 미사일 발사
2000년대 문화 트렌드	몸짱 · 얼짱 · 동안 · 부자아빠 증후군, 웰빙 · 로하스, 쇼핑몰 · 오픈마켓 · 홈쇼핑, 해외유학 열풍, 온라인 게임 및 IT벤처 열풍, 청년실업사회 문제화, 중장년층을 겨냥한 상품 출시

시니어의 자산관리 환경

오늘날 시니어는 장래(수명, 건강, 직장 등)에 대한 불확실로 인하여 자신의 재정 상황을 객관적으로 파악하기 어려워한다. 저금리가 장기화되고, 고령화 현상이 이어지면서 시니어 사이에서 전문적인 자산관리 수요가 꾸준히 증가하고 있다. 이러한 요인 외에 부동산, 예금 등에서 높은 수익을 올리고픈 마음에 자산관리를 맡기고자 하는 경우가 늘어나는 실정이다.

그렇다면 시니어가 지금까지 경험해 왔고, 또 앞으로 겪게 될 자산관리 환경에는 무엇이 있을까?

부동산 불패 신화

국가별로 비교해 보면 한국 1가계의 부동산 의존도가 다른 나라들에 비해 매우 높음을 알 수 있다. 금융투자협회가 내놓은 〈2014 주요국 가계금융자산 비교〉 보고서에 따르면, 한국 가계에서 부동산 등 비금융자산 비율은 75.1%였다. 미국(29.3%), 일본(39.9%), 영국(50.4%), 호주(60.4%)에 비해 훨씬 높은 비율이다.

한국의 시니어가 이렇듯 부동산에 투자를 집중해 온 까닭은 무엇일까? 해답은 1980년대 중반부터 일어난 부동산 붐에서 찾을 수 있다. 당시 결혼 적령기를 맞은 시니어들이 가정을 꾸리면서 수도권을 중심으로 주택의 공급보다 수요가 늘어났다. 때문에 주택 부족 현상으로 시니어가 샀던 아파트가 1980년대 중반부터 불어닥친 3저 경제 호황을 타고 매년 가격이 크게 상승했다.

2000년대 들어서도 세계 경기 호황과 더불어 부동산 가격이 상승하자 시니어들은 꾸준히 부동산 투자에 집중했다. 그러나 2008년 미국의 서브프라임 모기지subprime mortgage(비우량 주택담보대출) 사태에 의한 전 세계 금융 위기 후에는 부동산 불패에 대한 찬반 의견이 팽팽히 맞서고 있다.

주식 호황의 시대

시니어가 왕성하게 경제활동을 하던 1980년대 중반은 또 주식시장이 커지던 시기이기도 했다. 3저 호황을 타고 큰돈을 번 기업들이 여유 자금으로 주식시장에 뛰어들자, 증시는 하루가 다르게 가파르게 상승했다. 1980년대 후반의 증시 활황은 2000년대에 재현되었다. 10년 가까이 주가지수 700~1000선을 오르내리던 한국 증시가 IMF 외환위기 이후 외국인의 주식 대량 매입과 저금리 기조 그리고 세계 경제 호황에 힘입어 2007년 코스피 2000선을 넘어선 것이다. 2008년 세계적인 금융 위기를 겪었으나 주식시장은 2009년 초반부터 각 나라별 유동성 정책으로 인해 꾸준히 상승하고 있다.

투자의 불확실성 증대

시니어가 자산을 크게 늘릴 수 있었던 2000대 초반까지는 투자에

시니어 마케팅의 힘

일반적인 성공 패턴이 존재했다. 부동산이나 우량 주식에 투자하면 최소 손해는 보지 않는다는 말이 통용되고, 낮지 않은 예금금리로 위험을 최소화하면서 복리를 통해 돈을 늘릴 수 있었던 시기였다. 하지만 2008년 금융 위기 이후에는 상황이 달라졌다. 금융 위기로 폭락했던 부동산시장과 주식시장은 각국의 유동성 정책으로 인해 어느 정도는 회복하였으나, 사람들은 언제 다시 거품이 빠질지 모른다는 두려움을 갖게 되었다. 금리 또한 오랜 기간의 저금리 기간을 벗어나 금리 인상을 단행했지만, 아직까지 치솟는 물가상승률을 쫓아가지 못하고 있다. 이러한 불확실한 상황 속에서 다른 세대보다 자산의 규모가 큰 시니어의 고민은 더욱 커졌다.

부동산의 신뢰도 하락

은퇴를 앞둔 시니어 사이에서 '다운재테크'가 신조어로 급부상하고 있다. 다운재테크란 집의 규모를 줄여(다운사이징) 현금 흐름이 막히는 위험을 줄이는 것을 의미한다. 노후 대책으로 집 한 채만 갖고 있는 예비 퇴직자는 이러한 부동산자산 조정에 나서는 실정이다. 집값이 이제 떨어질 것이라 여기고, 평생을 투자해 마련한 집 한 채로 은퇴 생활을 하기에는 힘들어졌다고 판단한 것이다.

최근 시니어 고객의 부동산을 현금화해 주는 주택연금(역모기지론)이 주목받는 이유도 여기에 있다. 부동산자산은 부동산에 투자할 능력을 가진 인구가 고령화로 인해 줄어들면 향후 투자수익률이 약해질 것으로 판단되기 때문이다. 따라서 부동산자산 비중은 점차 감소하고 금융자산의 비중이 상대적으로 증가하여 시니어의 보유 자산의 구성 변화가 이뤄질 것으로 예상된다.

금융자산 관리의 인식 변화

그동안 원금 손실의 가능성이 있는 투자에 대해 보수적이었던 시니어 사이에서도 저금리가 계속되는 한 저축으로는 풍족한 생활이 불가능하다는 인식이 퍼졌다. 또한, 2000년 이후 금융교육이 사회적으로 확산되면서 가계 금융자산에서 투자자산의 비중이 조금씩 늘어나고 있다. 보수적이었던 시니어도 투자의 중요성을 인식해 가고 있는 것이다.

한편, 높은 부동산자산 비중에 따라오는 부채의 증가 또한 시니어 자산관리의 위험 요소가 되었다. 그동안 집값은 반드시 오른다는 과거 경험 때문에 이미 은행 빚을 내놓고는 또다시 빚을 내는 시니어가 많았다. 지금까지는 부동산 가격이 올랐기에 이러한 부동산 대출 비용이 상쇄됐지만, 앞으로 집값이 오르지 않는다면 큰 손해를 볼수 있다. 서브프라임 모기지 사태에서 보듯, 저축이 뒷받침되지 않은 채 부채만 늘려 자산을 키우는 방법은 위험하다. 그러나 아직까지 많은 시니어들이 경제 호황이 계속될 거라 믿고, 위험부담을 모른 채 부동산으로 자산관리를 하고 있다.

과거의 경기 호황으로 인해 자산 증식의 혜택을 가장 많이 받은 세대가 시니어 세대라고 한다면, 부동산 가치 하락의 위험, 대출금리

시니어 마케팅의 힘

의 부담, 저금리의 지속 등 자산관리 환경의 위협 요소에 가장 민감한 투자자 또한 시니어 세대라고 할 수 있다. 공격적 투자를 통한 자산 증식에서부터 안정적 자산관리로 시니어의 심리가 변하고 있음을 주목해야 할 것이다.

2장

시니어가
중요시하는 가치

시니어 마케팅이란 시니어 고객의 가치를 창출하고, 그것으로 그들의 니즈를 기대치 이상 충족시키는 일이다. 그렇다면 시니어 고객에게 '가치'란 무엇일까? 시니어의 가치란 자신이 소중히 여기는 것에 관해 기업의 제품이나 서비스로 만족하는 것을 말한다. 시니어 고객의 가치를 만족시킬 수 있는 제품과 서비스를 준비한다면, 시니어는 기꺼이 그것에 돈을 더 지불할 것이다. 이번 장에서는 시니어 고객이 소중히 여기는 가치에 대해 살펴보려고 한다.

시니어의 첫 번째 가치: 안정감

의료비에 대한 불안, 장수에 따른 생활비에 대한 불안, 음식 안전성에 대한 불안, 재해 또는 범죄에 대한 불안, 금융리스크에 대한 불안 등, 제2의 삶을 둘러싼 시니어의 불안감은 점점 커질 전망이다. 이러한 불안 요소에 따라 정보, 금융, 기술 서비스가 성장할 가능성이 높은 편이다. 시니어 고객의 안정 추구 성향은 다음과 같은 불안 요소에서 기인한다.

1. 금전에 따른 불안

은퇴 후에는 지속적이고 안정적인 소득원이 없어지므로 생활수준이 예전에 비해 떨어지게 된다. '언젠가 생활비가 떨어지고 말겠지' 하는 생각이 들면 자연스레 불안이 찾아오는 것이다. 요즘 들어 평균수명이 늘어나 은퇴 후 생활이 장기화되면서, 이에 따른 경제적 불안이 불가피한 상황이다.

2. 질병에 따른 불안

50대 중반을 넘어서면 으레 신체에 이상이 오게 마련이다. 노인성 질환은 그동안 누적된 잘못된 생활습관으로 인해 발생한다. 중병에 걸리면 오랫동안 치료를 받아야 하는 불편이 따른다. 특히, 암과 같은 질환은 치료비가 비싸 자칫하다간 은퇴자금을 모두 써버릴 가능성이 높다.

3. 사고에 따른 불안

시니어는 어떤 사고가 일어났을 때 피해자가 되는 경우가 많다. 또한 다른 연령층에 비해 공포심을 많이 느끼는 편이다. 사고에 대한 불안은 나이가 들고 육체가 쇠약해지면서 느끼기도 하지만, 사회적 무관심으로 인해 크게 느끼는 경우가 종종 있다고 한다.

4. 인간관계 실패에 따른 불안

시니어는 살아오면서 잘못된 인간관계로 인한 정신적, 금전적 손실을 경험해 보았다. 때문에 그들은 새로운 인간관계를 맺는 데 약간의 경계심을 보인다. 특히 영업 사원을 대할 때 시니어 고객의 경계심은 매우 높다. 시니어 고객은 상품에 대한 전문 지식이나 기술을 갖고 있지 않기 때문에 영업 사원의 말을 그저 믿을 수밖에 없다. 마케팅 담당자는 시니어 고객이 느끼는 이런 위험부담을 줄여 줘야 판매를 성사할 수 있다.

5. 서비스에 대한 불안

서비스는 눈에 보이지 않는다는 이유로 시니어가 지레 위험하다고 느끼는 경우가 많다. 때문에 서비스의 위험부담을 줄일 수 있는 방법을 모색해야 한다. 기업에서는 이미지 광고를 통해 시니어에게 좋은 이미지를 심거나 서비스 과정을 시니어가 안심할 수 있도록 업무 프로세스를 정립하는 등의 노력이 필요하다.

6. 상품에 대한 불안

대중매체에서 자주 접하는 불량 상품에 대한 뉴스는 시니어에게 소비활동에 대한 불안감을 키우고 있다. 상품에 대한 시니어의 불안을 줄이기 위해서는 기업에서 깊고 풍부한 지식과 노하우를 바탕으로 명확한 원칙을 갖고 마케팅을 실행해야 한다. 한편, 기업의 역사와 전통이라는 이미지를 통해 시니어를 안심시킬 수 있다. 기업이 오랫동안 소비자들에게 꾸준한 사랑을 받아왔음을 강조한다면, 기업의 이름 자체가 품질을 보장하고 안전을 보증하는 도구가 될 것이다.

☆☆☆ 시니어의 안정 추구 성향을 겨냥한 오사카가스

독거 상태에서 숨진 시니어에게 '긴급 통보 서비스'가 제공되었다면 어떻게 되었을까? 그들은 마지막 순간이나마 외롭게 생을 마치지는 않았을 것이다.

우리나라뿐 아니라 일본에서도 시니어 단독 가구가 급증하면서 여러 사회문제가 발생하고 있다. 반면, 이로 인해 새로운 비즈니스 기회를 얻은 분야도 있다. 바로 이상 사태의 통지를 주목적으로 하는 '긴급 통보 서비스'다. 그중 하나 오사카가스Osaka Gas 시큐리티서비스에서 제공하는 '오마모리콜ぉ守りCall'은 다음과 같은 특징으로 시니어 고객이나 시니어 자녀들로부터 큰 호응을 얻고 있다.

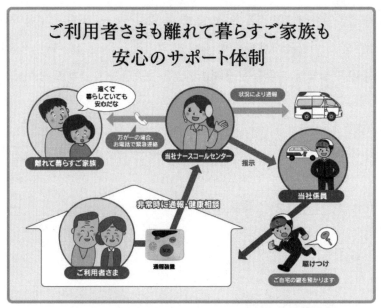

'이용자도 따로 사는 가족도 안심'이라는 문구를 내건 오마모리콜

첫째, 갑자기 건강 상태가 나빠졌을 경우 비상 버튼을 누르면 수화기를 들지 않고도 상담실로 접수, 통화가 가능하다. 필요할 때에는 직원이 직접 자택을 방

시니어 마케팅의 힘

문하여 최상의 조치를 취한다(참고로 오마모리콜은 긴급 사태 발생 시에 전문 간호, 전화 진찰 등의 의료 행위를 행하지 않는다).

둘째, 건강 상태가 불안하여 상담 버튼을 눌렀을 경우, 접수·상담실의 간호사 등 상담원을 통해 건강 상담은 물론 건강과 관련된 각종 생활 상담 등을 24시간 받을 수 있다.

셋째, 정기적(주 1회)으로 이용자인 시니어 고객에게 전화를 걸어 안부 및 생활 상황 등을 확인한다.

긴급 통보 서비스는 사업의 특성상 추가 투자가 필요 없어 사업 초기에 회원을 안정적으로 확보하는 것이 무엇보다 중요하다. 따라서 제품과 서비스의 개발 시에는 독거에 대한 불안을 안고 살아가는 시니어의 입장을 충분히 고려해야 한다. 다양한 불안을 보이는 시니어의 특성상, 여러 세심한 배려를 보여야만 긴급 통보 서비스 사업에서 성공 가능성을 높일 수 있다.

시니어의 두 번째 가치: 신뢰

고객과의 신뢰로 상품을 팔라는 조언은 세일즈 분야에 종사하는 사람이라면 누구나 공감할 만한 말이다. 이 조언은 시니어를 대상 고객으로 할 때에 특히 유념해야 한다. 아무리 경쟁력 있는 제품과 서비스라도 시간이 흘러감에 따라 결국 사라지고 말지만, 고객과의 관계는 이어지기 때문이다. 따라서 기업은 시니어 고객과의 유대관계 구축을 통해 그들을 오랫동안 붙잡고 있어야만 한다. 기존 고객과의 관계를 유지·확대하기보다는 새로운 고객을 확보하는 데 대부분의 노력을 기울이는 것이야말로 치명적인 실수라 할 수 있다.

그렇다면 시니어는 왜 '신뢰'를 다른 세대보다 중요시하는 것일까? 다음과 같은 이유 때문이다.

신뢰는 고독을 극복하는 방법이다

나이가 들어 시니어가 되면 자녀들은 독립하고 직장에서는 은퇴하여 이전까지 쌓아 놓았던 인간관계가 점차 축소된다. 또한 세월이 흘러 배우자나 친구, 친지들이 세상을 떠나면서 홀로 지내는 시니어도 적지 않다. 이에 시니어는 고독을 느끼면 사람들과의 소통을 원하게 된다. 이러한 시니어와 소통하기 위해서는 신뢰가 중요 요인으로 작용할 수밖에 없다.

신뢰는 삶의 즐거움을 제공한다

인생의 대부분을 차지하던 직장에서 물러난 시니어에게 신뢰하는 상점과 영업 사원에게서 물건을 사는 일도 삶의 즐거움이 될 수 있다. 시니어와 심리적 유대관계 없이 단순히 상품만을 팔려는 시도는 절대로 성공할 수 없다. 보통 시니어 마케팅이라고 하면 그들을 위한 편의시설 등 겉모양만 생각하는 경우가 많은데, 시니어를 대하는 마음가짐이 우선적으로 필요하다.

신뢰는 익숙함을 만든다

시니어는 나이가 들수록 익숙한 것, 친밀한 것을 더 선호하는 경향이 있다. 시니어는 자신의 취향에 맞게 서비스를 제공하는 단골 가게를 적어도 한두 개씩은 가지고 있다. 시니어는 신뢰를 쌓아 온 익숙하고 친밀한 거래처를 쉽게 바꾸지 못한다. 자신이 믿는 영업 사원이 회사를 옮기면 자신 또한 주 거래처를 옮기는 이유가 이 때문이다.

신뢰는 관심과 시간을 투자한 결과다

시니어는 자신과 신뢰관계를 쌓은 기업의 담당자가 다른 회사로 이직하는 것을 부정적으로 본다. 아무래도 새로운 담당자와 신뢰관계를 다시 구축하는 것을 부담스러워하기에 그렇다. 기업의 VIP로 분류되는 시니어 고객일수록 담당자와의 관계가 무너지는 것을 싫어한다. 특히 자신에 대해 많이 알았거나 자신에게 맞는 서비스를 제공했던 담당자라면, 담당자의 공백을 더욱 크게 느끼는 편이다.

☆☆☆ 미국의 거대 소비 물결, AARP

1958년 설립된 AARPAmerican Association of Retired Persons(미국은퇴자협회)는 50세 이상의 사람들이 삶을 개선하도록 돕는 비영리단체다. 50세 이상의 사람들을 위한 미국의 비영리단체 중 가장 큰 규모를 자랑하는 AARP는 시니어의 인생관에 혁명을 일으키고 있다. AARP의 미션은 시니어가 나이를 먹을수록 삶의 질을 키우고, 그들이 사회에 긍정적인 변화를 이끌도록 안내하는 것이다. 주로 정보를 전달하거나 조언을 하거나 서비스를 제공함으로써 프로그램을 진행하고 있다. AARP의 커뮤니케이션communication 활동으로는 세계 최대 발행부수를 자랑하는 AARP 매거진AARP The Magazine, 1년에 10회 발행하며 최근 온라인상으로도 볼 수 있는 AARP 회보AARP Bulletin, 분기별 잡지인 AARP 비바AARP Viva, 그리고 라디오 방송, TV 쇼 등이다.

한편, AARP는 50세 이상의 시니어에 대한 보고서를 출간하거나 그들이 일할 수 있도록 최고의 회사들을 선정하고 있다. 또한 여러 조직과의 국제적 협력 연구를 통해 노화 문제에 대한 해결점을 찾는 노력도 하고 있다. 해마다 열리는 AARP 내셔널 이벤트&엑스포AARP's National Event & Expo를 통해 회원은 물론 비회원과 만나고 있기도 하다.

AARP는 비영리단체의 한계를 넘어서 영리회사에게 시니어를 위한 사업 아이디어를 던져 주기도 한다. AARP 회원이 받을 수 있는 혜택으로는 건강보험·자동차·주택·보험·렌터카 할인과 크루즈 여행, 휴가 여행 패키지, 신용카드, 제약 서비스, 법률 서비스, 장기 간호 서비스 등 다양하다.

AARP 산하 단체들

◆ **AARP 재단(AARP Foundation)**: AARP의 복지단체다. 생활에 어려움을 겪거나 삶의 근본적 변화를 필요로 하는 사람들을 도와 결과적으로 사회를 바꾸는 단체라 할 수 있다. 저소득 계층, 여성, 유색인종과 그들의 단체가 주된 봉사 대상이다.

◆ **AARP 서비스(AARP Services)**: AARP를 대신해 AARP 브랜드를 사용하는 상품들의 품질관리를 진행하는 곳이다. AARP 서비스를 통해서 AARP는 회원에게 새롭고 더 좋은 선택을 제공한다. 예로 건강 상품, 금융 상품, 여행·레저 상품, 생활 관련 서비스 등이 있다.

◆ **AARP 금융사(AARP Financial inc.)**: AARP의 소유 기업이다. AARP를 대신하여 투자 상담이나 AARP 펀드 운용 인력들의 품질관리를 실시한다. 또한 시니어를 위한 경제 교육도 제공하고 있다.

◆ **AARP 글로벌 네트워크(AARP Global Network)**: 전 세계의 시니어를 위한 연합체다. AARP 글로벌 네트워크의 회원은 지식과 기술을 얻을 수 있다. 뿐만 아니라, 전 세계 회원에게 제공되는 제품과 서비스의 품질 향상은 물론, 다른 회원이 사회적 미션을 수행할 수 있도록 돕는다.

*출처: www.aarp.org

시니어의 세 번째 가치
: 건강과 아름다움

'마음은 항상 이팔청춘'이라는 말을 시니어에게서 자주 들어 봤을 것이다. 실제로 시니어를 대상으로 한 설문 조사에 따르면 응답자의 대다수가 스스로를 실제 나이보다 젊게 느낀다고 한다. 흥미로운 점은 연령이 높아질수록 실제 나이와 인지 나이의 격차가 커진다는 점이다. 또, 시니어에게 노인이 됐다고 느끼는 기준이 무엇인지 물었더니 대다수의 사람들이 물리적인 나이보다는 몸이 쇠약해졌을 때를 꼽았다. 즉, 시니어는 신체가 건강하거나 자신이 나이 들었다고 생각하지 않는 이상, 그저 '나이'로만 스스로를 노인이라 여기지 않는다는 것이다.

이러한 심리 변화에 따라 예전에는 노화를 그저 받아들이는 시니어가 많았다고 한다면, 요즘은 생활습관 개선과 발전된 의료기술로 노화를 극복하고자 하는 시니어가 점점 많아지고 있다. 시니어가 아름다움을 좇는 욕구는 젊은 세대에 결코 뒤지지 않는다. 또한, 이러한 욕구는 앞으로 시니어 사이에서 더욱 커질 것이다. 다수의 시니어가 건강과 아름다움에 깊은 관심을 가지고 있다는 것은 다음 시니어의 관심사를 통해 알 수 있다.

몸에 대한 관심

시니어에게 있어서 '나이가 정말 숫자에 불과하려면' 젊은 외모와 건강한 체력이 뒷받침되어야 한다. 그래서 시니어는 건강을 지키고 외모를 가꾸기 위해서라면 언제든 돈을 쓸 준비가 되어 있다. 시니어는 노화를 지연시키기 위해 온갖 방법을 동원한다. 젊음을 오래도록 간직하고 싶기 때문이다. 60~70세 사이의 시니어를 대상으로 한 설문 조사에서도 80%가 넘는 응답자가 자신의 외모를 중요하게 생각한다고 답했다.

패션에 대한 관심

시니어는 젊음을 지속하기 위해 어느 세대 못지않게 투자를 많이 한다. 때문에 노화 관련 미용 치료뿐 아니라, 최신 유행 스타일의 옷과 화장품 소비에도 적극적인 시니어가 점점 늘고 있다. 특히 옷차림에 있어서는 시니어 중 적지 않은 수가 유행에 맞는 옷차림을 중요하게 생각하고 있다고 한다.

그렇다면 패션에 있어서 시니어가 중요시하는 요소에는 무엇이 있을까? 어느 한 시장조사에서 60세 이상의 여성을 대상으로 패션에서 가장 중요하다고 생각되는 게 무엇인지 물었더니 다음 세 가지를 꼽았다. 바로 편안함, 실용성, 그리고 활동성이었다.

건강한 식생활에 대한 관심

시니어는 젊은 세대보다도 건강한 식생활에 신경을 쓴다. 특히 자녀가 독립한 후 가족 수가 줄어 식비가 여유로워졌기 때문에, 유기농 식품과 같이 값이 조금 비싸더라도 영양가가 높고 안전한 먹거리를 찾는 경향이 강하다.

☆☆☆ 시니어 남성 패션, 롱다리 슈트

　과거 일본 역시 우리와 마찬가지로 시니어 남성은 패션에 관심이 낮다고 판단하고, 이에 대한 마케팅 활동에 소극적이었다. 그러나 최근 일본의 서점가에서 시니어 남성을 대상으로 한 패션잡지가 부쩍 늘고 있다. 기본적으로 파이가 작은 시장이라 독자가 크게 늘어나고 있지는 않지만, 그래도 증가세는 확연하다. 그렇다면 시니어 남성 패션잡지는 왜 계속 출간되는 것일까?

　바로 시니어 남성 패션에 대한 인식이 높아졌고, 이와 관련해 소비가 늘어났기 때문이다. 기업 역시 이러한 수요에 발맞춰 광고 예산을 늘렸고, 때문에 시니어 남성 패션잡지가 계속 출간되는 것이다.

　하지만 오늘날 잡지와 같은 기존 대중매체의 광고 효과가 크게 줄어들자, 새로운 대안으로 '입소문'이 떠올랐다. 시니어 남성 패션의 '입소문'으로 유명한 회사로는 발매 한 달 만에 보통 신사복 신제품 물량의 약 1.6배에 달하는 3만 5000벌을 팔며 롱다리 슈트의 붐을 이끈 '하루야마상사Haruyama Trading'가 있다.

　지금까지 10~20대만을 대상으로 했던 롱다리 슈트가 시니어 사이에서 입소문이 난 데에는 다음과 같은 이유가 있다.

　첫째, '자기관리'에 주목했다. 여성과 마찬가지로 남성도 갱년기 증상을 겪는데, 갱년기에 근육량이 줄고 아랫배가 나오면 아무래도 옷차림하기 어려울 수밖에 없다. 하루야마상사는 이에 착안하여 몸매가 좋아 보이도록 중년 신사복의 특징인 펑퍼짐한 엉덩이 부분을 줄이고 윗도리를 짧게 만들어 상대적으로 다리가 길어 보이게 만들었다. 즉, 신사복에 여성의 바지 디자인을 응용한 것이다. 비록 노화를 늦추는 상품은 아니었지만, 롱다리 슈트는 시니어 남성 사이에서 젊어진 듯한 느낌을 준다는 입소문이 돌면서 크게 히트하였다.

　둘째, '아내'에 주목했다. 하루야마상사는 시니어가 쇼핑을 할 때 부부가 함께하는 경우가 많다는 점에 착안하였다. 부부동반 쇼핑의 경우, 주요 의사결정자가 여성, 즉 아내이기에 여성에게 얼마나 어필할 수 있는지에 중점을 둔 것이다. 특히 시니어 여성에게 주목받으면 그 어떤 대중매체 광고보다 섬세한 '입소문 광고'가 가능하다는 점도 이유 중 하나였다.

🪈 시니어의 네 번째 가치: 가족

원 차일드 식스 포켓one child six pockets. 이 말은 하나뿐인 자녀를 위해 부모는 물론 조부모와 외조부모, 즉 어른 여섯 명이 지갑을 연다는 뜻이다. 요즘 백화점 등 유통업계에서 유행하는 이 말은 시니어 부모가 자녀를 키우는 것도 부족해서 그들의 자녀, 즉 손주의 양육도 경제적으로 지원하는 현상을 단적으로 보여 준다.

일생을 가족에게 헌신하며 살아온 시니어에게 있어서 가족은 중요한 가치가 아닐 수 없다. 자신의 능력이 닿을 때까지 가족을 돕고자 하는 마음은 시니어라면 모두 같을 것이다. 시니어는 은퇴 후에 사회에서 한발 물러나면서 그동안 자신의 곁을 지켜 준 가족과 평화롭게 살아가고자 한다.

시니어의 가족사랑은 할아버지·할머니 시장이라는 새로운 시장을 만들어 냈다. 시니어에게 나이를 의식하게 하는 단어는 금물이지만, 할아버지, 할머니라는 단어만은 예외다. 할아버지·할머니 시장에서 비즈니스 기회를 찾을 수 있는 이유로는 먼저 조부모가 부모보다 실소득이 많다는 점을 들 수 있다. 한 유명 백화점이 백화점 카드 회원 중 60대 이상 고객의 매출 내역을 분석한 결과 이들의 아동복, 완구 등 아동용품 관련 지출이 3년 전보다 52.3% 늘었다고 한다.

할아버지·할머니 시장에서는 손주의 성장 과정에 따라 다양한 비즈니스 기회를 확보할 수 있다. 시니어 고객을 효과적으로 유인하기 위해서는 시니어뿐 아니라 가족 구성원을 모두 만족시킬 제품과 서비스 제공이 이뤄져야 한다.

시니어의 다섯 번째 가치: 배움

배움은 시니어가 중시하는 가치 중 하나다. 기사를 통해 은퇴 후 인문학 공부에 매진하고 있는 기업 CEO 출신 시니어나 늦은 나이에 학위에 도전해 성공한 시니어의 소식을 종종 접했을 것이다.

시니어의 배움은 크게 두 가지로 나눌 수 있다. 첫 번째는 경제활동을 위한 배움이다. 퇴직 후 창업을 위한 교육을 받거나 다른 회사에 재취업하기 위해 교육을 받는 시니어가 여기에 해당한다. 두 번째는 자신의 관심 분야를 알아보는 배움이다. 직장생활을 할 때에는 일에 매달려 관심을 가질 시간이 없었지만, 은퇴 후 여유가 생기자 자신이 배우고 싶었던 것을 공부하는 경우라 할 수 있다. 취미 활동을 위한 배움일 수도 있고, 관심 분야의 학위를 얻기 위한 공부일 수도 있다.

시니어 마케팅을 실시하려는 기업들은 이러한 배움의 특성을 충분히 활용해야 한다. 배움을 위한 콘텐츠와 장소를 제공하여 시니어 고객을 지속적으로 만난다면, 시니어와의 신뢰도가 쌓여 세일즈 영업을 자연스럽게 진행할 수 있다. 이미 많은 기업들이 시니어를 대상으로 한 교육 활동에 적극적이다. 단기적으로는 비용이 낭비되는 것처럼 보일지 모르지만, 장기적으로는 시니어 고객의 니즈를 충족시키고 관계를 이어 간다는 점에서 이러한 시니어 대상 교육은 적절한 마케팅 활동이라고 할 수 있다.

☆★☆ 평생학습으로 비즈니스 기회를 얻다

미국의 시니어 시장에서 가장 역동적인 모습을 보이는 분야는 바로 평생학습 시장이다. 미국에서는 65~75세까지의 연령층에서 스스로 공부하기 위해 쓰는 비용이 1990년 1인당 연간 56달러에서 1995년 234달러까지 늘어났다. AARP의 조사에서 50세 이상 성인 중 90% 이상이 평생학습에 흥미가 있다고 밝히기도 했다.

미국 매사추세츠 주 보스턴에 본부를 두고 있는 엘더호스텔Elder Hostel은 세계 최대 시니어 대상 평생학습 서비스 기관이다. 전 세계에서 연간 20만 명 이상이 참가하는 평생학습 기관이자, 비영리법인이지만 연간 매출이 수백억 달러, 종업원 수도 수백 명에 달한다.

엘더호스텔에서는 미국 국내 프로그램, 해외 프로그램, 비영리법인과의 연계 프로그램 등 세 가지 프로그램을 제공하고 있다. 다양한 문화 관련 주제와 체험을 전문 지식을 갖춘 진행자 아래서 배운다는 점에서 큰 인기를 끌고 있다. 예를 들어 해외 프로그램의 경우, 참가자는 한 나라의 역사, 예술, 문화, 자연환경 등을 현지에 가서 배울 수 있다.

미국 내 프로그램의 경우, 보통 5~6박 일정으로 참가비는 5박 프로그램 평균 430달러, 6박 프로그램 평균 450달러 정도다. 참가비에는 숙박비와 식비가 포함되지만, 교통비는 포함되어 있지 않다. 일반적으로 프로그램 개최지까지 각자 개별적으로 출발해 집합한다.

해외 프로그램의 경우 각 나라 현지에서 통상 1주일에서 4주일 정도 머무른다. 비용은 미국에서의 항공료를 포함하여 지역에 따라 2000달러부터 7000달러까지 가지각색이다. 숙박 시설은 과거에는 대학 기숙사 같은 소박한 곳을 이용했으나 최근에는 참가자의 생활수준이 향상되면서 고급 호텔을 이용하는 경우가 늘어나고 있다.

엘더호스텔의 참가 조건은 '55세 이상'뿐이다. 게다가 동반자에게는 연령 제한이 없다. 참가자는 대부분 60대 또는 70대. 다만 참가자의 교육 수준은 그 연령층의 평균에 비해 높은 편이라고 한다. 대다수의 참가자가 향학열이 높고 참가 의식이 뚜렷하다.

원래 엘더호스텔은 자체 광고나 마케팅 활동을 활발하게 하지 않았으며, 실제로 엘더호스텔 프로그램 참가자도 주위 사람에게 전해 듣고 찾아온 경우가 많았다. 하지만 최근에는 미국 전역에 늘어나는 은퇴자 커뮤니티 등의 시설에 팸플릿을 배포하는 등, 과거보다 적극적으로 마케팅 활동을 벌이고 있다.

그렇다면 엘더호스텔이 시니어에게 인기를 끄는 이유는 무엇일까? 많은 참가자의 의견을 정리해 보면 다음과 같다.

1. 지적 호기심이 비슷한 사람들과 새로운 만남의 기회를 가질 수 있다.
2. 교실에서의 강의뿐 아니라, 체험을 통해 살아 있는 공부를 할 수 있다.
3. 다루는 주제에 대해 본격적으로 파고들어 실질적인 공부를 할 수 있다.
4. 수준 높은 전문성을 갖춘 능숙한 강사진이 많다.
5. 참가자가 자발적으로 참여할 수 있도록 프로그램이 구성되어 있다.
6. 프로그램 내용이 참가자의 체력에 적합하고 무리가 없다.
7. 가격이 그다지 비싸지 않아 계속 참가하기 쉽다.
8. 시니어 서머스쿨에서는 대학생 기분을 만끽하고 젊은 감각을 가질 수 있다.

시니어의 여섯 번째 가치: 사회 활동

최근 들어 활발해진 재산 사회 환원과 재능 기부 활동의 중심에는 시니어가 있다. 시니어들은 젊은 세대 못지않게 이러한 사회 활동에 관심을 갖고 참여한다. 그 이유가 무엇일까?

여생을 의미 있게 보내고픈 욕구

시니어에게 있어 남아 있는 물리적 시간은 적다. 시간이 얼마 없다는 것은 남은 시간에 최선을 다해 살고픈 욕구가 커진다는 것을 의미한다. 그래서 시니어는 직장에서는 은퇴를 했을지라도 사회 구성원으로서 봉사활동에는 은퇴하기를 거부한다.

개인보다 사회를 우선하는 가치관

시니어는 개인의 이익보다 사회의 이익이 우선이라고 생각하는 비중이 높은 편이다. 또한, 공공의 이익을 위해서라면 불편한 것은 참아 줄 용의가 있다. 한 가지 예를 들면, 시니어는 상품의 포장이 적을수록 좋다고 생각하는 경향이 강하다. 자연을 보호하고 경비를 절감한다고 여기기 때문이다.

시니어 마케팅의 힘

재산보다는 명예를 중시하는 가치관

시니어는 자신과 가족만을 위해 부를 쌓기보다는 가치 있는 삶을 살고자 한다. 즉, 재산보다는 명예를 중시하는 것이다. 주위에서 볼 수 있는 사례로 NPO에서 활약하는 시니어들이 있다. 그곳에서 일하는 시니어는 만족감 높은 삶을 살아가고 있다. NPO의 활동 환경은 점차 개선될 것이고, 시니어가 사회에 공헌할 수 있는 기회는 점점 늘어날 것이다.

시니어에게 효과적인 마케팅을 전개하려 할 때 이러한 시니어의 사회 공헌 욕구를 충족시키는 것도 하나의 방법이 될 수 있다. 예를 들면, 시니어가 구입한 상품의 경우에는 수익의 일부를 사회단체에 기부하는 방법이 있다. 또, 마케팅 도구(매장, 광고물) 등을 친환경 소재로 바꾸거나 기부나 봉사활동을 하는 시니어에게 상품 구입 시 혜택을 주는 방법을 생각해 볼 수 있다.

☆☆☆ 친환경 소비자를 위한 특별한 창고

일본 나고야에 가면 '생활창고生活 倉庫'라고 쓰인 커다란 간판을 볼 수 있다. 최근에는 이 간판을 나고야뿐 아니라, 도쿄 시내에서도 볼 수 있게 되었다. 생활창고란 한마디로 재활용품 가게다. 필요 없어진 물품을 회수해 약간 손을 본 뒤 저렴한 값에 소비자에게 파는 가게로, 최근 일본에 전국적으로 체인점이 늘고 있다.

1988년에 처음 문을 연 생활창고는 호리노우치 규이치로 사장이 불혹이 넘은 나이에 착수한 사업이었다. 그동안 끊임없이 점포가 개설되어 2006년에는 프랜차이즈를 포함해 전국적으로 210개가 넘는 점포를 운영하고 있다. 매출은 직영점만 계산해도 20억 엔에 달한다. 유행의 중심인 도쿄 시내까지 점포가 진출한 것만 봐도 생활창고가 시대의 흐름을 제대로 읽었음을 알 수 있다. 폐품 회수를 위해 해외로까지 그 영역을 넓히고 있기도 하다.

생활창고의 성공 포인트는 다음과 같다.

첫째, 호리노우치 사장의 개인적 체험을 바탕으로 사업을 고안했다는 것이다. 가고시마 현 출신인 호리노우치 사장은 고향에서 여러 번 사업을 실패하여 서른다섯에 15만 엔과 자동차 한 대만 가지고 쫓기듯 가고시마를 뛰쳐나왔다. 돈이 떨어지자 하마마쓰에서 약 1년 반 동안 노숙자와 다름없이 살았다고 한다. 이후 그는 자신의 뛰어난 손재주를 살려, 주어 온 물건을 수리해서 팔거나 가전제품 판매점에 들어온 고장 난 제품 등을 고치는 아르바이트를 하며 돈을 모았다. 그러면서 낭비를 줄이는 게 사회에 공헌하는 것이라 믿고 7년 후에 15평 정도의 가게에서 사업을 시작했다. 회수 물품은 거의 공짜로 구할 수 있으므로 비용은 인건비, 수송비, 창고비밖에 들지 않았다. 때문에 순익은 무려 75% 이상이었다고 한다. 게다가 상품의 절반 이상은 새것이나 다름없는 중고 물건으로서 거의 품이 들지 않았다. '새것 같은' 중고 상품은 99% 팔려 나갔다.

둘째, 폐품 회수를 전담하는 팀을 구성하여 조직적으로 폐품을 사들인 것이다. 폐품 회수팀은 일본 전국을 돌아다니며 전단지를 돌리거나 제조업체와 판매점에서 중고품과 폐품을 사들였다. 또한 해외에도 조직을 두고 일본에 없는 물건을 들여왔다. 취급 상품은 집 빼고 무엇이든, 즉 가전제품에서 악기, 식기, 이부자리, 골동품, 가구, 기둥에 이르기까지 매우 다양하다. 회수된 폐품을 수집하여 보관하는 하마마쓰 시내의 창고에는 냉장고, 책상, 의자, 지우개, 연필, 옛날 스테레오 등 수십만 점의 물품으로 가득하다.

셋째, 회수된 폐품을 가공·수리하거나 소독한 뒤 그것을 새 상품의 절반 이하의 가격에 매각하는 것이다. 이를 위해 전국적인 체인망을 만들었다. 현재 쓰레기를 버릴 때 돈을 지불해야 하고, 또 대형 재활용 쓰레기의 경우 비용이 만만치 않다. 때문에 폐품 회수율이 좋은 편이라고 한다. 또한 불황이 이어지면서 싸고 질 좋은 상품을 찾는 경향이 많아졌고, 옛 물건을 재평가하는 경향이 생겨나면서 골동품이 환영받고 있다. 때문에 생활창고의 성장세는 당분간 이어질 것으로 보인다.

생활창고가 급성장한 비밀은 거품경제가 절정에 달했던 1988년 이후 오늘까지 이어진 저성장 기조가 한몫했다. 즉, 저성장 시대가 시작되려는 쯤에 시대를 알아보고 비즈니스 기회를 재빨리 잡은 덕분이었다. 또한 폐품, 중고품을 회수하는 시스템과 수선·소독 작업, 프랜차이즈 제도 등을 구축하여 '중고품은 생활창고'라는 이미지를 각인시켜 성공할 수 있었다.

PART
2

시니어 마케팅
프로세스 4단계

시니어 마케팅의 목표는 시니어 고객을 대상으로 최상의 제품과 서비스를 제공하는 것이다. 이를 위해 마케팅 프로세스도 생산자의 입장이 아닌 소비자인 시니어 입장에서 전개되어야 한다. 여기서는 시니어가 기업의 상품을 접하는 순서에 따라 마케팅 프로세스를 4단계로 나누어 구성하였다.

3장

1단계
광고

시니어 마케팅에서 광고란 창의적이며, 시니어들로 하여금 구매 의욕을 불러일으켜야 한다. 이때 광고의 목적은 제품의 정보를 알리는 데에만 있지 않다. 시니어 대상 광고의 더 큰 목표는 시니어에게 삶의 과제에 대한 해결 방안을 던져 주거나 어떠한 목표를 제시하는 데에 있다. 즉, 시니어 고객의 열망이나 포부를 겨냥하는 것이다. 시니어를 대상으로 하는 광고는 상품에 대한 인지도를 형성하고 상품 관련 지식을 알리는 것에서 그치지 않고, 상품에 대한 선호도를 끌어올리고, 결과적으로 시니어가 상품을 구매하도록 유도해야 한다.

시니어 광고에도 브랜딩이 필요하다

브랜딩branding이란 고객에게 브랜드를 차별화하여 인식시키거나 브랜드와의 어떠한 유대감을 형성하기 위해 시도하는 광고 전략을 말한다. 시니어 광고에서도 브랜딩이 필요하다. 시니어에게 있어서 '훌륭한' 브랜드는 얼마큼 믿을 수 있고 좋아하느냐에 달려 있다. 시니어는 기대되는 제품이 생기면 그것을 브랜드의 이름으로 인식하는데, 이 점이 시니어 마케팅에 있어 브랜딩이 중요한 이유다.

강한 브랜드 이미지는 다음과 같은 경제적 가치가 있다.

1. 브랜드 이미지는 곧 기업의 이익이다. 시니어는 기업의 브랜드를 보고 거래한다.

2. 브랜드 이미지는 시니어의 기업에 대한 경계심을 낮추는 역할을 한다.

3. 특정 브랜드가 성공하면 패밀리 브랜드 전략을 통해 적은 비용으로 효과적인 마케팅이 가능하다.

4. 브랜드 이미지가 차별화되면 경쟁사가 이를 쉽게 모방할 수 없다.

시니어 고객을 대상으로 성공적인 브랜딩을 하기 위한 필수 요소는 다음과 같다.

1. 일관성

기업이 브랜드 이미지를 유지하려 할 때 가장 중요한 요소는 일관성이다. 아울러 기업 내 다음과 같은 분야에서도 일관된 이미지가 있어야 한다.

- 내부 커뮤니케이션
- 기업 역사, 기업 경영
- 사무실, 겉모양
- 직원 이미지
- 온라인 이미지
- 제품명, 로고, 컬러, 문체

2. 통합성

브랜드는 광고로만 만들어지는 것이 아니다. 광고 활동뿐 아니라 PR, 후원, 이벤트, 사회 활동 등을 포함한 다양한 수단이 통합성을 유지할 때 브랜드 이미지가 형성되는 것이다. 광고 전략과 방법은 다르지만 통합된 기업의 이미지를 시니어에게 전달한다면, 강력한 브랜드 이미지 형성이 가능하다.

3. 스토리

시니어 고객의 이성에만 호소하여 브랜드를 만들어 나가는 것은 한계가 있다. 새로운 브랜드를 만들려면 시니어 고객의 감성을 자극하는 스토리가 필요하다. 새로운 브랜드를 시장에 소개하면서 동시에 브랜드와 연관된 흥미진진한 스토리를 내놓아야 하는 것이다. 훌륭한 브랜드는 이미 스토리를 통해 시니어의 감성을 자극하여 효과적인 마케팅을 전개하고 있다.

4. 실행력

브랜드는 광고의 대상이 아니라 실행의 대상이다. 궁극적으로 브랜드는 직원들의 노력으로 시니어에게 긍정적인 이미지를 안겨 주어야 한다. 브랜드의 성공은 모든 직원이 브랜드 가치를 얼마나 잘 이해하고 그것을 고객에게 알리는지에 달려 있다. 시니어가 기업의 주타깃target(표적) 고객이라면, 시니어를 위한 것이 기업의 목표임을 직원들이 함께 공유해야 한다.

5. 소통성

브랜드 이미지는 기업의 일방적인 커뮤니케이션이 아닌 고객과의 쌍방향 대화에서 이루어져야 한다. 즉, 브랜드는 시니어와 접촉하는 순간에 만들어진다고 할 수 있다. 시니어 대상 이벤트나 세미나, 뉴스, 전화, 전자우편, 미팅 등 직접 접촉할 수 있는 모든 요소에서 시니어가 긍정적인 경험을 얻도록 보다 포괄적인 브랜드 구축 계획을 세워야 할 것이다.

6. 정직성

시니어에게 브랜드는 기업의 제품과 서비스에 대한 신뢰이다. 즉, 브랜드의 가치에 따라 그만큼 기대하는 일종의 '계약'인 셈이다. 따라서 브랜드는 정직해야 한다. 시니어는 브랜드에 기대를 많이 하는 만큼 실망도 많이 한다. 브랜드를 통해 정한 약속은 꼭 실행되도록 회사 차원의 노력이 필요하다.

✿✿✿ 상품 하나로 무너진 유명 여행사의 브랜드

얼마 전, 일본의 어느 유명 여행사가 타사에 비해 저렴한 단체 여행 상품을 신문 등에 광고했다. 시니어들은 잦은 광고와 저렴한 가격에 관심을 갖고 이 여행 상품을 신청했다. 공항에서는 평일 아침 7시부터 단체 여행객들로 대합실이 북적거렸다.

그런데 이 상품의 가격이 싼 이유는 따로 있었다. 소위 '달리기형' 관광으로 빡빡한 일정에 저렴한 숙식을 제공한 것이다. 특히 식사에 관해서는 평판이 좋지 않았다. 단체 여행에서 손실을 줄일 수 있는 곳이라곤 마땅히 식비밖에 없었기 때문이다.

이로 인해 단기적으로 시니어 고객을 크게 유치했지만, 이 상품은 불과 반년도 안 돼 종료되고 말았다. 인원이 갈수록 큰 감소세를 보이더니 연거푸 10여 명에도 미치지 못했기 때문이다. 여러 가지 실패 요인이 거론되었는데, 그중 질 낮은 식사가 가장 큰 악영향을 끼친 것으로 밝혀졌다.

시니어가 관심 갖는 메시지는 따로 있다

'간 때문이야. 피로는 간 때문이야.' 이것은 얼마 전까지 유행했던 한 유명 축구선수가 등장하는 의약품 광고 속 노래다. 친근한 광고 모델과 중독성 있는 노래로 주 타깃 고객인 40~50대 남성뿐 아니라, 젊은 고객층의 관심도 끌어낸 성공적인 광고 사례이다.

대부분의 광고가 노래나 모델 등 어떠한 성공 요소를 갖추고 만들어지지만, 시니어를 대상으로 할 때에는 유의해야 할 점들이 또 있다. 그렇다면 시니어에게 광고로 메시지를 전달할 때 어떠한 점을 고려해야 할까?

메시지 1. 안전과 안심

시니어는 젊은 사람보다 안전과 안심에 대한 니즈가 강하다. 특히 시니어는 어떠한 사건이나 사고에서 약자가 되는 경우가 많아 다른 세대에 비해 공포심을 많이 느끼는 편이다. 때문에 시니어를 타깃으로 하는 제품과 서비스에 있어서 기업은 시니어 고객의 신뢰를 얻기 위해 노력해야 한다. 즉, 우량한 회사에서 좋은 품질의 제품과 서비스가 안정적으로 제공되고 있다는 점을 부각해야 할 것이다. 또한 문제가 발생했을 경우 이를 신속히 처리하는 프로세스를 홍보하여 부정적 결과의 가능성을 최소한으로 줄여야 한다.

메시지 2. 사회의 인정

시니어는 소비를 통해 자긍심을 느끼는 동시에, 주위 사람들에게 선망의 대상이 되기를 바란다. 즉, 재산을 단순히 갖고 있는 데 만족하지 않고, 눈에 보이게끔 드러나기를 원한다. 시니어 고객은 인정받고 싶은 욕구가 일반 고객보다 강하다. 이는 학력이 높을수록 은퇴 전 높은 자리에 있었을수록 더 강하기 때문에, 광고에서 그들의 욕구를 충족시킬 수 있는 제품과 서비스라는 점을 강조해야 한다.

메시지 3. 긍정과 행복

늙음에 대한 불안은 시니어에게 스트레스로 작용한다. 그렇기 때문에 시니어는 하루하루를 밝고 즐겁게 살고 싶어 한다. 때문에 그들에게 다가설 때에는 긍정적인 자세로 행복하다는 이미지를 심는 것이 중요하다. 한 예로 미국의 한 제약회사가 콜레스테롤 증가 억제약을 광고할 때 콜레스테롤이 많으면 미국인의 사망 원인 중 1위인 심장병에 걸릴 확률이 높다는 메시지를 담았다. 그러나 광고는 오히려 소비자의 반감을 샀고, 그 약은 전혀 팔리지 않았다. 반면 같은 효능의 다른 약 광고에서는 그 약을 복용했던 사람이 나와 이렇게 말했다. "저는 이 약 때문에 높았던 콜레스테롤 수치가 내려갔습니다. 매일 테니스를 즐기며 쾌적한 생활을 하고 있지요." 이렇듯 약의 긍정적인 이미지를 전달했고, 결과는 대성공이었다.

메시지 4. 능동적인 인간

시니어를 항상 도움을 받아야 할 약자로 표현한다면 시니어는 이에 거부감을 가질 것이다. 따라서 광고에서는 시니어를 수동적 존재가 아닌 능동적 존재로 그려야 한다. 즉, 우리 회사의 제품으로 '도움을 받아라'라고 표현하기보다 이 제품이 시니어의 삶에 '도움을 준다'라고 표현해야 한다. 달리 말하면, 능동적으로 살아가는 데 있어 필요한 제품이라는 이미지로 접근하는 것이 필요하다. 시니어는 적극적이고 활동적이다. 때문에 광고에서도 시니어가 젊은 세대와 함께 어울리는 것을 보고 싶어 한다. 시니어는 아웃사이더가 아닌 적극적인 사회 구성원이 되기를 바란다는 점을 명심하라.

메시지 5. 편리와 독립

시니어 대상으로 한 광고의 전략을 세울 때 유의해야 할 또 다른 요소는 바로 편리와 독립이다. 즉, 우리 회사의 제품을 사용하면 '편리'하고, 이를 통해 누구의 도움 없이 삶을 '독립'적으로 살 수 있다는 점을 강조해야 한다. 이는 앞서 말한 시니어의 적극적인 이미지와 부합하는 요소이다.

메시지 6. 가족의 소중함

시니어는 나이가 들수록 가족의 소중함을 크게 느낀다. 또한, 자식과 손주와 함께 살아가기를 원한다. 개인주의가 팽배해져 가고 있는 요즘에 가족의 소중함을 일깨우는 광고 메시지는 시니어의 주목

을 받기에 충분하다. 이때 가족과 함께 행복하게 살아가는 데 도움
이 되는 상품이라는 이미지를 담아야 한다.

☆☆☆ 시니어 여성에게 전통을 전하는 방법

광고에 전통이라는 메시지를 담으려면 먼저 전통이 가진 공통점을 파악해야 한다. 전통은 대개 일관성, 반복성, 지속성, 안정성이라는 네 가지가 뒷받침된다. 예를 들어 종교 축제는 보통 매번 같은 시기에 미리 정해진 단계에 따라 펼쳐진다. 축제 의식 또한 촛불을 켜고 옛날이야기를 하는 등 매년 같은 방식으로 반복됨은 물론, 유래가 깊어 세월이 아무리 흐르든 어느 지역에서 열리든 다음 세대까지 지속될 가능성이 크다. 의식의 경우도 토대가 일방적으로 변형되기 힘든 안정성을 갖고 있다.

한편, 시니어 여성은 보통 자신만의 특정한 니즈, 인생 단계, 생활양식 등에 맞춰 전통에 약간의 변화를 주거나 새로운 전통을 만들어 내기도 한다. 하지만 향수鄕愁와 전통은 밀접한 관련이 있다. 즉, 전통이 아무리 변하더라도 축제일에 가족이 한데 모여 식사를 하던 옛 추억은 그 무엇으로도 막을 수 없다. 특히 서양의 경우, 자신의 어머니가 축제 때 먹을 칠면조나 소고기 요리 등을 준비하던 모습이 아련히 떠오를 것이다.

그러한 기억들을 간직한 오늘날의 시니어 여성은 칠면조 요리를 하는 데 여섯 시간을 들이지 않고도 나름대로 가족의 전통을 계승해 나가기를 원한다. 오늘날 레이놀즈Reynolds와 같은 기업들은 이러한 경향에 발맞춰 가족의 전통 식사를 빠르게 준비할 수 있는 제품을 내놓았다. 오븐 백Oven Bags과 같은 상품을 통해 시니어 여성이 새로운 전통 아래에서도 기존의 관례를 충분히 만족시킬 수 있도록 돕는 것이다.

광고에 어떤 이미지를 담을 것인가

시니어를 대상으로 광고를 할 때, 광고 속에 어떤 이미지를 어떻게 표현할 것인가도 고민해 봐야 한다. 단순히 일반적으로 받아들여지는 이미지만을 담아서는 시니어의 관심을 끌 수 없다. 특히 시니어를 직접 모델로 내세울 때는 주의가 필요하다.

효과적인 광고 모델

시니어는 광고에 혼자 사는 여성, 어린이, 애완동물이 등장하면 호감을 갖는 경향이 있다. 또, 나이가 그리 많지 않으면서 그 제품이나 서비스를 실제 사용하는 일반인을 등장시키는 방법도 효과적이다.

시각 이미지를 선명하게 전달하라

시니어에게 있어서 시각 이미지는 매우 중요하다. 특히 서비스는 무형이기 때문에 시니어가 오래 기억할 수 있도록 눈에 보이게끔 정보를 제공하는 것이 효과적이다. 시각적 은유나 상징물은 시니어 고객으로 하여금 서비스가 어떨지 상상하게 만든다. 예를 들면 글로벌 금융기관인 씨티은행Citibank은 영문 로고 위에 빨간 덮개 같은 이미지를 더해 고객 보호와 안정성의 의미를 전달하고 있다.

유명 인사도 좋은 방법이다

시니어는 기업이 제공하는 정보보다는 자신과 같은 처지의 시니어 고객이 추천하는 내용에 더 귀를 기울인다. 이러한 이유로 시니어 대상의 광고에 같은 연령대의 유명 인사들을 출연시킴으로써 광고 효과를 노릴 수 있다. 특히 제품의 품질을 판단할 만한 다른 정보가 충분치 않을 경우, 시니어는 유명인의 영향력에 더욱 의지하게 된다.

품질의 신뢰성을 시각화하라

시니어는 제품을 구매할 때 믿을 만한지 꼼꼼히 따진다. 따라서 광고를 통해 신뢰성을 시각화해야 한다. 이때 회사의 오랜 전통과 사회에서의 긍정적 평가를 이미지로 담아내는 것이 좋다. 시니어에게 있어 회사의 전통은 제품의 품질과 같다. 기업이 오랜 경험을 바탕으로 소비자의 꾸준한 사랑을 받아왔다는 사실을 강조하자. 또한 사회에서 기업에 대해 긍정적으로 평가했던 사항들을 최대한 시각화하여 활용하여야 한다.

☆☆☆ 일본의 시니어들이 은퇴 후 꿈꾸는 것들

시니어를 대상으로 하는 광고에는 시니어가 꿈꾸는 모습을 담아야 한다. 그렇다면 그들은 어떤 모습들을 꿈꾸고 있을까? 우리가 쉽게 떠올리기로는 경제적으로 여유로우면서 가족과 함께 즐거운 시간을 갖거나 취미 생활과 여행을 즐기는 모습 등이 있다. 하지만 그러한 모습은 시니어의 수많은 희망 사항 중에 하나일 뿐이다. 시니어는 우리의 생각과 달리 훨씬 더 다양한 인생을 꿈꾸고 있다.

아래는 일본의 베이비붐 세대인 단카이 세대가 꿈꾸는 은퇴 후 이미지 사례들이다.

◆ **새로운 도전하기**: 항상 등산하고 싶던 산에 오르기, 처음으로 골프 치기, 항상 자신에게 그럴 만한 실력이 있다고 큰소리쳤듯이 소설 써보기, 돈을 벌기보다는 즐거움을 얻기 위해서 새로운 일 시작하기, 노래 가사나 시처럼 한 번도 시도해 보지 않았던 형식의 글을 써보기, 직접 자서전 쓰기, 악기 연주하기, 악기 연주하는 법 배우기

◆ **일상생활 다시 즐기기**: 수요일 오후에 야구장 가기, 테니스 다시 시작하기, 손주들과 많은 시간을 함께 보내기, 산속 계곡을 맨발로 걷기, 장농에 26년간 처박아 둔 기타 연주하기, 자화상 그리기, 시골로 드라이브 가기, 책읽기, 라디오 청취하기, TV 시청하기, 테이프나 CD 듣기, 여행하기, 영화 보러 가기, 집에 페인트칠하기, 골프 치기, 낚시하기, 시내 곳곳을 드라이브하기

◆ **새로운 것을 배우기**: 컴퓨터 배우기, 컴퓨터 프로그램 만들기, 인터넷 검색어에 자기 이름을 타이핑한 다음 무엇이 나오는지 살펴보기, 요리 배우기, 새로운 요리법 만들어 내기, 피아노 배우기, 영화 평론가가 되어 보기

◆ **사람들과 사귀기**: 재미 삼아 옛 연인에게 전화 걸기, 현재의 친구들 찾아 가기, 예전의 친구들 찾아가기, 새로운 친구 사귀기, 예전에 싸웠던 사람을 한 명 골라 사과 편지 보내기

◆ **사회 활동하기**: 저소득층의 아이들에게 독서 가르치기, 자원봉사하기, 정 치 참여하기

◆ **자연을 즐기기**: 정글 탐험하기, 캠핑 가기, 등산하기, 해변에 앉아 바다 바 라보기, 물 위에 솟은 바위 뛰어넘기, 하이킹하기

광고의 깨진 유리창을 확인하자

어느 유명 신문에 한 시니어가 항의하는 글을 보냈다. 이 신문의 기사 중 하나가 노인 문제를 다루면서 '장수는 재앙이다'라고 표현한 것을 문제 삼았다. 그 표현 하나가 신문을 읽던 시니어의 마음을 언짢게 한 것이다. 장수라는 것이 당사자인 시니어에게는 축복이었는데, 이를 신문사에서 재앙으로 표현한 것이 실수였다.

이처럼 시니어를 대상으로 광고할 때에는 내용과 표현 방법에 있어 더욱 세심하게 살펴야 한다. 시니어 대상 광고 제작에서 점검해야 할 사항에는 어떤 것들이 있을까? 다음의 사항들을 참고하기 바란다.

노인과 관련된 표현을 담지 마라

시니어를 대상으로 하는 광고 내용에는 어떤 단어라도 노인에 대한 부정적인 느낌이 들어서는 안 된다. 한 예로 미국에서는 골프의 '시니어 투어senior tour'라는 명칭을 '챔피언 투어champion tour'로 바꾸었고, 노안경을 '시니어 글라스senior glasses'라 부르지 않고 '리딩 글라스reading glasses'라는 용어로 대신하고 있다.

그렇다면 어떻게 광고하는 것이 좋을까? 화장품을 광고한다고 해보자. 시니어의 피부를 '나이 든 피부'가 아닌 '지친 피부'로 표현하는 것이 좋을 것이다. 샴푸를 광고할 때도 '노화된 머리카락'이라는 표현 대신 '까다로운 머리카락'으로 표현해 보는 것은 어떨까? 또는 세대 공감을 불러일으킬 수 있는 키워드를 사용해 그것이 시니어를 위한 제품임을 연상시키는 것도 좋은 방법이 될 수 있다.

시니어를 가치 있는 존재로 표현하라

시니어 대상 광고에서 젊은 세대와 시니어의 모습을 함께 보여 줄 때 시니어가 젊은이에게 좋은 멘토가 된다는 이미지를 담는 것이 좋다. 즉, 인생을 성공적으로 먼저 경험한 사람이 시니어라는 이미지를 표현하는 것이다. 시니어 고객에게 자신이 능력 있는 사람이라는 긍정적인 생각을 심어 주면 광고의 성공 가능성이 높아진다.

적절한 정보를 제공하라

시니어는 광고에서 자세한 정보를 얻기를 바란다. 즉, 구매하려는 제품에 대해 좀 더 자세히 알아보고 싶은 것이다. 특히 상품의 품질과 특성에 대한 확실한 정보를 원한다. 때문에 시니어에게는 유행을 강조한 광고보다는 탄탄한 정보를 알려 주는 광고가 좋다. 아마도 시니어가 텔레비전 광고보다 인쇄물 광고를 선호하는 이유도 그 때문일 것이다.

가격보다는 가치를 알려라

시니어는 이미 많은 상품을 사보았고 갖고 있기도 하다. 소비자로서의 경험도 다른 세대에 비해 풍부하여, '싼 게 비지떡'이라는 속담

시니어 마케팅의 힘

이 들어맞는 경우가 있다는 것도 알고 있다. 그러므로 시니어는 가격이 조금 비싸더라도 좋은 물건을 사려고 한다. 좋은 상품이란 가격에 맞는 가치를 지녀야 한다고 믿는 것이다. 상품의 가치는 객관적인 정보 전달에서 끝나는 것이 아니라, 주관적인 가치 전달도 추가되어야 한다.

다양한 세대를 어필하라

시니어를 위한 제품과 서비스의 구매자는 시니어뿐만이 아니다. 시니어에게 선물하려는 자녀들도 구매자에 해당된다. 그러므로 광고 대상으로 시니어뿐만 아니라, 그들의 자녀와 손주까지 포함해야 한다. 시니어의 자녀에게 어필할 수 있으려면 시니어 관점에서의 혜택만 담을 것이 아니라, 자녀의 관점에서의 혜택도 전달해야 한다.

과장은 역효과를 부른다

나이 많은 시니어 고객은 광고 내용으로 회사의 신뢰성을 판단하려는 경향이 많다. 때문에 과장 광고에는 거부감을 보일 수 있다. 그러므로 미사여구를 동원하여 과장 광고를 한들 시니어의 소비를 유도하는 데는 별 효과가 없다. 시니어는 진실을 알려고 하므로 달콤한 말로 유혹하기보다 기업의 진심을 전달하는 것이 좋다.

시니어의 마음에 드는 용어를 적절히 활용하라

시니어에게는 맞는 표현은 따로 있다. 예를 들어 '젊음을 유지한다'

보다 '젊음을 되찾는다'라고 말하는 것이 시니어에게 훨씬 더 와 닿는 표현이다. 체중 감량에 대한 표현에 있어서도 '살찌는 것을 막아준다'보다는 '날씬한 몸매를 되찾을 수 있다'라고 하는 것이 좋다. 반대의 경우도 있다. 신체 능력을 표현하는 데 있어서도 '기억력이 회복되고 있습니다'라고 하면 과거에도 기억력이 나쁘지 않았다고 반발하지만, '기억력을 유지할 수 있습니다'라고 하면 수긍하는 모습을 보인다.

시니어 마케팅의 힘

☆☆☆ 노골적 묘사에 엄청난 타격을 받은 보험사

노출은 일반적으로 50대 이상 연령층을 매료할 만한 것이 아니다. 전 세계적으로 시니어들은 꽤 성숙한 편이다. 그리고 스스로 기품 있고 분별력 있게 살아가고 싶어 한다. 때문에 노화로만 그들은 인식하는 것은 적절치 않다.

이러한 시니어의 특성을 놓쳐 곤혹을 겪었던 회사가 있다. 바로 스위스에서 세 번째로 큰 건강보험회사인 '스위카SWICA'이다. 스위카에서 내놓은 광고가 큰 반향을 불러일으킨 것이다. 스위카에서는 광고를 통해 나이나 성별과 상관없는 단일 보험료율을 설명하고자 했다. 광고에는 70세 노부부가 벌거벗은 채 카메라 앞에서 사랑을 나누는 장면이 등장했고, 여기에 '그녀는 항상 30대'라는 문구를 덧붙였다. 물론 이 광고는 파격적이고 독창적이라는 이유로 전문가에게 박수를 받았지만, 대부분의 스위스 시니어에게는 반응이 좋지 않았다. 때문에 스위카는 엄청난 타격을 받았다. 그 당시만 해도 스위스 전 국민의 3분의 1이 시니어였기 때문이다.

매스미디어를 효율적으로 활용하는 법

미디어를 통한 광고의 가장 중요한 기능은 브랜드의 인지도를 높이고 고객에게 친근하게 다가서는 것이다. 미디어 매체 선정 시 고려해야 할 사항은 다음과 같다.

- **메시지의 전달 방식**: 언제, 어디서, 그리고 얼마나 자주 시니어에게 메시지를 전할 것인가?
- **미디어 매체의 효과**: 어떤 커뮤니케이션 매체가 당신의 메시지를 얼마나 효과적으로 전달할 수 있는가?
- **미디어 매체의 효율**: 고객의 규모에 비하여 광고 도구에 드는 비용이 어느 정도인가?
- **미디어 매체의 비용**: 당신의 예산 안에서 얼마나 효과적으로 마케팅을 실시할 수 있는가?

시니어를 대상으로 하는 대중매체 광고를 매체별로 분석해 보면 다음과 같다.

TV

일반적으로 시니어 고객은 시간 면에서 여유가 많아 TV 시청 시간이 다른 연령대보다 많다. 시니어 고객의 TV 시청 시간이 많다는 것은 지금까지 주부의 시간으로 여겨졌던 평일 낮 시간대가 앞으로는 시니어의 시간대가 될 가능성이 있다는 것을 의미한다. 시니어 고객의 TV 시청 패턴을 연구하여 적절한 시간대에 효과적으로 TV 광고를 할 수 있도록 전략을 짜야 한다.

물론 TV 광고에도 단점이 존재한다.

첫째, 시니어 고객은 나이가 들면 시력이 떨어지고 색깔 구별 능력이 낮아진다. 그러므로 시니어 대상 TV 광고에서는 글씨와 이미지의 크기를 키우고, 화려한 색상보다는 인식이 쉬운 색상을 써야 한다.

둘째, TV 광고는 시각과 청각을 동시에 필요로 한다. 하지만 시니어 고객은 여러 감각이 동시에 뇌에 들어올 경우, 잘 인식하지 못할 때가 많다. 그러므로 가능한 한 메시지를 단순화하고 주제 또한 하나로 집중하게끔 하는 것이 좋다.

셋째, 시니어 고객은 빠르게 지나가는 영상을 인지하는 데 어려움을 겪는다. 동시에 여러 가지 감각에 반응해야 하기 때문이다. 때문에 시니어 대상 TV 광고에서는 핵심 화면을 적은 수로 구성하는 것이 효과적이다.

신문

시니어는 특히 신문에 다른 연령대보다 강한 관심을 보인다. 왜냐하면 시니어의 경우, 어떠한 결정을 내리기 전에 정보를 수집하고 비교하려는 성향이 강하기 때문이다. 이때 시니어는 정보처리 과정이 오래 걸리기 때문에 당연히 결정을 내리는 시간도 많이 걸린다. 따라서 찬찬히 살펴볼 수 있는 인쇄매체를 선호하는 것이다. 따라서 이러한 시니어의 특성을 반영하여 신문 광고를 할 때에는 다량의 정보를 간단하고 알기 쉽게 표현하는 것이 좋다. 신문 광고가 다른 미디어보다 시니어 고객에게 효율적으로 접근할 수 있는 이유를 정리해 보면 아래와 같다.

- 신문 광고는 시각적으로만 표현되기 때문에, 시니어가 광고에 집중하기 쉽다.
- 정보를 읽고 받아들이는 속도를 시니어 스스로 정할 수 있다. 또, 여러 번 반복해서 읽을 수 있다.
- 시니어가 정보의 양을 스스로 결정할 수 있으며, 작은 단위로 정보를 나눌 수도 있다.
- 시니어는 사실에 근거한 자료를 원하는 편인데, 신문에는 이 같은 정보를 꼼꼼히 실을 수 있다.
- 시니어 고객에게 정보의 양은 많으면 많을수록 좋다. 시니어는 상품 설명서까지 빠짐없이 읽는 경향이 있기 때문이다.

다이렉트 메일

또 하나의 대규모 광고 방법으로 다이렉트 메일direct mail이 있다. 다이렉트 메일이란 특정 고객에 직접 보내는 홍보용 인쇄물을 말하며 편지, 홍보물, 브로슈어, 카탈로그 등이 포함된다. 다이렉트 메일

시니어 마케팅의 힘

의 장점과 단점은 다음과 같다.

다이렉트 메일의 장점

- 시니어 고객에게 개인화된 접근이 가능하다.
- 메시지의 형식과 내용을 유연하게 바꿀 수 있다.
- 마케팅 경쟁과 커뮤니케이션 장애물을 줄일 수 있다.
- 판매 활동 이전에 시니어 고객과 접촉해 우호적인 분위기를 만들 수 있다.
- 시니어 마켓에 정확하게 초점을 맞춰 영업할 수 있다.

다이렉트 메일의 단점

- 정크메일이라는 이미지가 생길 수 있다.
- 고객에게 전달이 잘 되지 않을 경우, 상대적으로 비용이 더 들 수 있다.
- 메일링 리스트를 얻기까지 많은 노력과 비용을 들여야 한다.

다이렉트 메일이 성공적으로 진행된다면, 기업은 적절한 정보 제공과 더불어 어느 정도 기간을 두고 고객과 좋은 관계를 맺을 수 있다. 다이렉트 메일에 대한 시니어 고객의 반응을 확인하여 이를 반영한다면 다이렉트 메일의 효과를 높일 수 있을 것이다.

☆★☆ 맥도날드, 시니어를 공략하다

미국의 고령화가 한창 논의 중일 때, 맥도날드는 이미 시니어 계층에 대해 파악해 놓았다. 동시에 시니어 그룹을 상대로 한 판매 전략을 세웠다. 시니어를 고객으로 끌어들이기 위해 실내 장식을 바꾸고, 시니어가 원하는 다이어트 메뉴를 개발하고, 시니어 직원도 고용했다. 특히, TV 광고가 큰 반향을 불러일으켰는데, '뉴 키드new kid'라고 불린 이 광고는 이후 미국 사람들이 가장 좋아하는 광고 중 하나가 되었다. 광고 내용은 다음과 같다.

어느 한 시니어 남자가 집을 떠난다. 거리에서 두 친구가 그에게 낚시하러 가자고 한다.

"안 돼, 일하러 가야 해." 남자가 단호하게 말한다.

다음 장면에서 맥도날드 매장의 두 젊은 여자 점원이 등장한다.

한 사람이 새로운 남자 직원이 온다고 말한다. "괜찮은 사람이었으면 좋겠어"라고 말할 때, 할아버지가 잠긴 문 앞에 도착한다. 아직 문을 안 열었다고 말하고 나서야 여자 점원은 그가 '뉴 키드'라는 걸 알게 된다. 그녀의 실수에 뉴 키드는 부드럽게 웃는다.

이후 수습 시간이 시작되었다. 새로 온 뉴 키드가 기술을 보여 주자 직원들은 놀라서 묻는다.

"정말 일해 본 적이 없나요?"

저녁이 되자 뉴 키드는 웃으며 집으로 돌아간다. 그는 자신을 맞이하는 부인에게 이렇게 말한다.

"지금까지 어떻게 나 없이 식당이 운영되었는지 모르겠어."

이 장면에는 시니어를 승리자로 만드는 모든 요소가 포함되어 있다. 새로운 경험, 젊은이와 시니어와의 협력, 시니어에 대한 존경, 자신의 일에 대한 만족 등이 모두 표현된 것이다.

인쇄 광고물을 잘 만드는 방법

시니어 고객 대상 인쇄 광고물에는 잡지, 홍보물, 브로슈어, 카탈로그 등이 있다. 이러한 인쇄 광고물을 통해 시니어 고객에게 광고할 때에는 시니어 고객이 선호하는 유형을 고려해야 한다.

인쇄 광고 작성 시 고려 사항

첫째, 장점을 중립적으로 언급하라

제품과 서비스에 대한 사람들의 견해보다는 전문 기관의 상품 평가를 넣는 것이 좋다. 중립적인 평가 기관이야말로 시니어 고객의 전폭적인 신뢰를 얻어낼 수 있는 지름길이다.

둘째, 바로 본론으로 들어가라

시니어에게는 객관적이고 정보력이 뛰어난 광고가 최고다. 필요 없는 이야기는 삭제하라. 그보다 중요한 것은 광고 문안이 논리적이고 쉽게 이해할 수 있어야 한다는 것이다.

셋째, 간단명료한 표현을 사용하라

시니어가 광고를 한번 읽고 그 내용을 바로 파악할 수 있어야 한다. 이때, 문장이 짧으면 이해하기 쉽다. 문장이 길어지면 이해력이 떨어진다는 것은 조사 결과로도 이미 밝혀진 바 있다.

넷째, 경험과 기대에 호소하라

시니어 고객은 사실에 근거한 자료를 좋아하고, 과장에 쉽게 속아 넘어가지 않는다. 때문에 자신의 경험 밖의 이야기를 말하는 광고에는 관심을 보이지 않는다.

다섯째, 고객과 공감할 수 있는 이야기를 세워라

시니어 고객과 공감하기 위해서는 그들의 일상을 살펴볼 필요가 있다. 이때 스토리텔링 형식을 취해 보라. 즉, 시니어의 현재 상황과 견해 등을 공략하고, 여기에 상상력을 덧붙이는 것이다. 가장 중요한 것은 현실에 바탕을 두어야 한다는 점이다.

인쇄 광고물 디자인 시 고려 사항

첫째, 작은 글씨는 금물이다

글자 크기는 최소 10~12포인트가 되어야 한다. 그렇다고 글씨를 너무 키우면 시니어 고객은 자신을 노인으로 취급한다고 여겨 일종의 '저항심리'가 작용할 수 있다.

시니어 마케팅의 힘

둘째, 편안하게 읽을 수 있어야 한다

시니어 입장에서 가장 읽기 쉬운 조건은 어떤 크기의 글자든지 흰색 배경에 검은색 글자인 경우다. 되도록 흐린 글자나 이탤릭체를 최소화하라. 또한, 명조체와 고딕체 중 읽기 쉬운 것은 고딕체다.

셋째, 이미지를 확실하게 표현하라

이미지를 사용할 때는 형태를 단순하게 표현하는 것이 좋다. 단순해야만 시니어에게 확실히 정보가 각인된다. 이미지에서 중요한 것은 '대비', '명확', '선명'이다. 이를 위해서는 이미지가 배경과 확실히 구분되고, 전체적으로 완결성을 갖춰야 한다. 간단한 차트나 그래프를 사용하는 것도 좋다.

넷째, 한눈에 들어오는 디자인이어야 한다

컬러나 이미지 크기 등이 강하게 대비될수록 주목을 끌 수 있다. 또, 광고의 크기가 클수록 눈에 잘 띄기도 한다. 그러나 좋은 디자인이란 피로를 덜어 줄 수 있어야 한다. 강한 대비도 좋지만, 시니어의 눈을 편하게 하는 디자인으로 표현하라. 예를 들어 단락마다 제목을 달아 내용을 미리 요약해 두면, 시니어가 금방 요점을 파악할 수 있다.

다섯째, 광택 없고 미끄럽지 않은 종이를 사용하라

광택이 있거나 미끄러운 종이는 생각보다 시니어의 집중력에 방해가 된다. 광택이 있는 종이는 그렇지 않은 종이보다 빛을 더 반사하여 시니어의 집중을 흩뜨려 놓는다. 또한 미끄러운 종이 역시 손에 잘 잡히지 않아 시각으로 가야 할 집중력이 촉각에 가도록 한다.

여섯째, 빨강, 노랑, 오렌지 색상이 좋다

앞서 시니어에게는 화려한 색상보다는 인식하기 쉬운 색상이 좋다고 언급했다. 인식하기 쉬운 색상이란 선명한 색상을 의미한다. 여기에 시니어가 평소 좋아하는 색을 연관시키면, 빨강, 노랑, 오렌지색이라는 결론이 나온다. 물론, 이런 색 이외에 다른 색을 넣어도 되지만, 선명하고 긍정적인 이미지의 색깔을 선택하는 것이 좋다.

☆★☆ 시니어 여성의 어려움을 해소한 '이키이키' 잡지

일본에서는 40여 종류의 시니어 잡지가 발행될 정도로 시니어 관련 잡지가 다양하다. 하지만 이 중에 10만 부 이상 발행되는 것은 《이키이키いきいき》와 쇼각칸의 《사라이サライ》뿐이다. 《사라이》의 경우에는 서점을 통한 판매가 25만 부를 차지하고, 독자층이 시니어 계층에 한정되지 않았음을 고려하면, 사실상 10만 부 이상 발행되는 시니어 잡지는 《이키이키》뿐이다.

다음 내용을 살펴보면 《이키이키》의 성공 비결을 알 수 있다. 《이키이키》는 소중한 가족, 질병에 걸렸을 때 마음 돌보기, 새로운 옷을 입었을 때의 기쁨, 여유 시간에 즐기는 취미 등 단순하면서도 소박한 삶을 지향한다. 특히 《이키이키》 잡지에 대한 여성 독자의 각별한 애정은 가족 내에서 전업주부로 있는 여성의 역할과 관련이 있다. 여성은 자신이 모시고 돌봐야 할 어른들에 관한 이야기와 자신이 시니어가 되었을 때 필요한 정보에 관심을 기울인다.

물론 여기에 《이키이키》만의 성공 전략이 있다.

첫째, 아날로그 정보를 활용한 것이다. 《이키이키》에는 독자가 의견을 적어 보낼 수 있도록 의견 엽서가 들어 있다. 의견 엽서는 여러 질문과 간단히 의견을 쓸 수 있는 공간으로 구성되어 있다. 《이키이키》 편집부 전 직원은 매월 5천 매 이상 도착하는 엽서를 일일이 읽는다. 그리고 편지에 답장을 해준다. 독자의 의견은 적극 받아들여져 다른 잡지에서 볼 수 없는 독특

이키이키 잡지

한 구성이 이뤄지기도 한다. 이와 같이 기획 담당자와 독자의 소통을 통해《이키이키》는 단순한 잡지가 아닌 독자를 향한 편지라는 이미지를 만들어 냈다.

둘째, 《이키이키》 직원은 독자와 만나기 위해서라면 어디든 간다는 사내 규칙을 세웠다. 독자와 돈독한 관계를 맺는 데 예산을 아끼지 않는 자세야말로 진짜 고객중심주의라고 할 수 있다. 41만 명이라는 독자를 갖게 된 것이 결코 기적이 아닌 것이다.

셋째, 《이키이키》가 11만 부를 넘어서 20만 부로 약진한 원동력은 일본 성루가聖路加 국제병원 명예원장인 히노하라의 연재물 〈좋은 생활태도〉가 있다. 이 킬러 콘텐츠killer contents를 읽기 위해 잡지를 구독하기 시작한 사람이 많다고 한다.

넷째, 주요 독자층이 자주 찾는 매체에 홍보하였다. 《이키이키》는 타깃 독자층인 50~60대가 책을 구매할 때 흔히 참고하는 전국지의 전면 혹은 2면에 광고를 냈다. 전국지에 광고하려면 비용이 많이 드는 편인데, 《이키이키》는 과감하게 예산을 투자하여 적극적으로 홍보에 나섰다.

☞ 시니어가 주목하는 프로모션

프로모션promotion, 즉 판촉 활동은 기업의 제품과 서비스를 알려 관심을 끌고, 결국 구매를 유도하는 데 목적이 있다. 따라서 시니어 대상 판촉 활동이란 다양한 인센티브와 보상을 통해 시니어 고객이 지금 당장 상품을 구매하게끔 이끄는 것을 말한다.

하지만 시니어를 대상으로 판촉 활동을 할 때 주의해야 할 사항이 있다. 먼저 판촉 활동을 자주 실행해서는 안 된다. 판촉 활동을 자주 벌이면 시니어는 해당 브랜드를 값싸게 본다. 이때, 시니어는 당장 상품을 구매하기보다 다음번 판촉 시기를 기다리는 경우가 많다.

판촉 활동의 목적

판촉 활동의 목적은 다음과 같이 정리해 볼 수 있다.

- 타깃 마켓target market, 즉 표적 시장에 기업의 상품을 인지시킬 수 있다.
- 고객이 짧은 주기로 구매를 여러 번 할 수 있다.
- 현재 고객과의 관계를 유지하거나 강화할 수 있다.
- 세미나와 전시회를 통해 기업의 전문성을 알릴 수 있다.

시니어 대상 판촉 활동의 방법

판촉 활동을 벌일 때는 브랜드 이미지에 맞거나 이미지를 높일 수 있는 방법을 지향해야 한다. 그렇다면 시니어 고객의 이목을 집중시킬 프로모션에는 어떤 것들이 있을까? 다음과 같이 여러 사례가 존재한다.

시니어 고객 초청 이벤트

기업은 시니어 고객이 관심을 가질 수 있는 분야에 대해 이벤트를 실시함으로써 새로운 시니어 고객을 확보할 수 있다. 예를 들면, 노후 설계와 투자 또는 앞으로의 부동산 시장을 전망하는 세미나를 열거나, 잠재 고객을 대상으로 골프 대회나 와인 시음회 같은 흥미로운 이벤트를 진행한다면, 시니어 고객과의 거리를 좁힐 수 있을 것이다. 단순히 물질과 향응을 제공하는 이벤트는 시니어에게 별 의미가 없다. 심지어 부유한 시니어조차 관심을 가지지 않는다. 어떤 정보나 흥미를 제공하는 이벤트만이 성공할 수 있다.

시니어 고객의 모임이나 단체 지원

시니어 고객이 속해 있는 모임이나 단체를 지원하는 것도 효과적인 프로모션이 될 수 있다. 지역 단체, 종교 단체, 같은 직종의 은퇴자 모임, 동향·동문 모임, 운동 모임 등을 지원할 수 있을 것이다. 특히 이 경우, 시니어 잠재 고객을 다수 확보할 수 있다.

시니어가 주목하는 캠페인이나 사회 운동 참여

시니어 고객이 관심 있는 캠페인이나 사회 운동에 참여하는 방법도 있다. 이른바 캠페인 관련 마케팅이다. 많은 시니어가 공감하거나 동참하고자 하는 캠페인에 참여함으로써 기업에 대한 평판을 끌어올리고, 고객의 신뢰도를 높일 수 있다. 또한 매출 증가와 함께, 언론의 호의적인 보도도 기대할 수 있다.

☆★☆ 시니어 단골을 유지하는 특별한 서비스

영국의 디아이와이DIY(Do It Yourself) 전문 업체인 B&Q에는 독특한 경영 방침이 있다. 바로 직원의 15% 정도를 50대 이상으로 채용한다는 것이다. 또한, 60대 이상의 고객에게는 수요일마다 10% 특별 할인을 제공하여 일주일 중 가장 판매율이 저조한 요일을 가장 번잡한 요일로 바꾸어 놓았다. 한편, 프랑스의 일부 소매 체인점은 50대 이상 고객의 요구를 만족시키기 위해 이에 관련한 마케팅에 대규모로 투자했다. 이 중 가장 두드러진 것으로 피노 프랭탕 레두트 그룹Pinault-Printemps Redoute Group과 대형 매장인 오샹Auchan 등이 있다. 또, 지역 중심가에 세워진 모노프리Monoprix 체인은 가격표의 글씨 크기를 키우고 제품의 종류를 개량함과 동시에, 택배와 유사한 서비스를 제공하고 있다. 전자 제품과 고급 가전제품 판매점인 불랑제Boulanger는 화요일에 매장 방문 시 중장년층을 우대하고, 멀티미디어 제품 구매 시 무료 교육을 제공했다. 또한, 제품을 차량으로 운송해 주는 서비스를 통해 50대 이상 고객층에 대한 새로운 마케팅을 선보였다.

PR은 강력한 마케팅 도구다

AARP에서는 해마다 시니어 친화 기업을 발표한다. 여기에 선정된 기업은 나이 든 시니어가 일하기 좋은 기업이라는 인정을 받게 된다. 기업 입장에서는 비용과 노력을 크게 들이지 않고 시니어 고객에게 우호적이고 신뢰적인 기업 이미지를 심어 줄 수 있다. 이러한 언론 평가를 통해 커다란 마케팅 효과를 얻는 것을 피아르, 즉 PRPublic Relation 활동이라고 한다.

PR의 의미와 기능

PR의 대상은 기업의 목표에 관심이 있거나 영향력을 줄 수 있는 모든 집단이다. PR은 기업 이미지와 상품을 홍보하고 유지하는 다양한 프로그램이라고 정의할 수 있다. 많은 기업들은 언론의 관심을 비효율적으로 다루거나 사용할 기회를 놓쳐 언론 보도를 기업 이익과 연결하지 못한다. PR은 신문 광고 지면이나 TV 광고의 시간을 구입하는 것이 아니다. 기업의 제품과 서비스 판매를 촉진하고 지원하면서도 비용이 들지 않는 것이 핵심이다.

현명한 기업은 중요 PR 대상과 성공적인 관계를 유지하기 위해 다양한 방법을 모색한다. PR은 주로 다음의 다섯 가지 노력을 필요로 한다.

1. **언론과의 원만한 관계 형성**: 가장 긍정적인 시각의 기업 관련 뉴스를 제공한다.

2. **매스컴의 관심 유도**: 상품을 알리는 구체적 활동을 전개한다.

3. **기업의 의사소통 촉구**: 기업 내외의 의사소통을 통해, 기업을 알리는 데 힘쓴다.

4. **로비 활동**: 법과 규제를 만들거나 철폐하기 위해 입법자나 정부 관료를 상대한다.

5. **조언을 통한 개선**: 사회적 이슈에 대처하는 기업의 방침에 대해 경영진에 조언한다.

PR의 역할

PR 활동은 다음과 같이 중요한 역할을 수행한다.

1. 신상품의 출시를 돕는다.

2. 기존 상품의 포지션position(소비자의 마음에 자리 잡은 상품의 자리)을 새롭게 한다.

3. 상품에 대한 사회적 관심을 유도한다.

4. 타깃 고객에 긍정적인 영향을 미친다.

5. 문제가 발생한 상품에 대한 보호와 개선 활동이 가능하다.

6. 기업의 상품에 대한 호의적 반응을 일으켜, 긍정적인 이미지를 끌어낸다.

7. PR 계획을 세우고 평가한다.

시니어 마케팅의 힘

PR에 쓰이는 요소들

- **인쇄물**: 보고서, 브로슈어, 사설, 온라인·오프라인 뉴스레터와 잡지 등
- **이벤트**: 기자회견, 온라인 상담, 세미나, 전시회, 콘테스트, 스포츠·문화 행사 스폰서 등
- **뉴스**: 기업과 상품에 관한 우호적인 기사를 찾거나 만드는 활동
- **연설**: 기업 홍보를 통해 기업의 이미지를 만드는 활동
- **사회봉사활동**: 돈과 시간을 들여 봉사하는 활동
- **기업 디자인**: 기업 로고, 서류 양식, 홈페이지, 건축물, 유니폼 등에 쓰이는 디자인

시니어 관련 PR 활동이 기업에 있어서 매우 중요한 또 하나의 이유는 정부와 언론의 적극적인 협조를 받을 수 있기 때문이다. 정부에게 시니어는 중요 관심사이자, 지원 대상이다. 언론 또한 시니어의 중요성을 인식하고 있으며, 시니어를 위한 기업 활동을 언제든 사회에 알릴 준비가 되어 있다. 시니어를 대상으로 마케팅을 실시하는 기업이라면 이러한 사회적 관심사를 회사 마케팅의 도구로써 적극적으로 활용해야 할 것이다.

☆☆☆ 시니어 일자리를 통한 PR 활동의 성공 사례

시니어만 일할 수 있는 회사인 일본의 '마이스타 60Mystar60'은 일본의 사회문제 중 하나인 고령화에 정면으로 도전하였다는 이유로 일본 사회의 주목을 받고 있다. 사실 이 회사는 대형 빌딩이나 공장을 설비·관리하는 업체로 문을 열었다. 그러던 1989년, 히라노 시게오 사장은 한 라디오 방송에서 흘러나온 '샐러리맨, 회사를 그만두면 하찮은 사람!'이라는 시조를 듣고 아이디어를 떠올렸다. 이에 시니어를 위한 새로운 사업이 시작됐다. 물론 여기에는 훌륭한 PR 활동이 한몫했다.

당시 일본은 급속하게 고령화 사회로 접어들었고, 정년인 60세를 지나 직장을 그만두는 사람이 늘어났다. 히라노 사장은 60세가 넘었지만 아직 기력이 넘치는 사람들을 하찮다고 폄하하는 것에 발끈하여 '나이는 등 번호와 같고, 인생에는 정년이 없다!'라는 슬로건을 내걸고 마이스타 60을 설립했다. 최근 57세 이상으로 입사 조건이 완화되긴 했지만 기본적으로 이 회사는 60세 이상의 시니어가 일할 수 있다.

회사는 시니어 고용 창출이 주목적으로, 수익을 얻는 게 1차 목표가 아니었다. 그렇다고 해도 이윤을 통해서 회사가 유지되기에 마이스타 60은 곧 위기에 처했다. 아무리 저가를 제시하더라도 자본금도 작고 시니어로만 이루어진 회사에 프로젝트를 발주할 고객은 거의 없었다.

이를 극복하기 위해 마이스타 60은 독특한 사업 모델을 만들어 냈다. 모회사인 '마이스타 엔지니어링Mystar Engineering'과 함께 컨소시엄을 열어 프로젝트를 수주한 것이다. 그러고는 통상적으로 열 명이 참여하는 관리 프로젝트에 예닐곱 명의 마이스타 엔지니어링 청년 인력과 서너 명의 마이스타 60 시니어 인력으로 팀을 구성했다.

이런 사업 모델은 어찌 보면 마이스타 엔지니어링이 손해 보는 것 같지만 절대 그렇지 않다. 시니어의 인건비가 젊은 인력에 비해 낮게 책정되었기 때문에

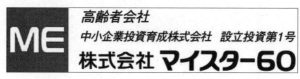

'고령자회사(高齢者會士)'를 강조한 마이스타 60의 기업 로고

프로젝트 비용이 경쟁사에 비해 낮았다. 즉, 가격 경쟁력이 생긴 것이다. 중요한 점은 바로 경험이 전수되었다는 것이다. 시니어는 그저 머릿수를 채우기 위해 들어간 것이 아니다. 이들은 오랜 경험을 통해 얻은 노하우를 젊은 인력에 전수하는 역할을 하였다.

　마이스타 60의 또 다른 수익 원천은 바로 인재 소개 사업이다. 마이스타 60은 시니어의 뛰어난 능력과 풍부한 경험을 활용하고픈 회사에 시니어를 소개해 주고 있다. 고객인 회사 입장에서는 채용 즉시 현업에 투입하거나 신입 사원의 교육을 담당할 수 있는 노련한 전문가를 저렴한 비용에 얻을 수 있다.

4장

2단계
고객 접점

아무리 시니어를 대상으로 제품과 서비스를 효과적으로 광고했다 하더라도, 이를 시니어가 받아들이지 않는다면 오히려 그 의미가 반감되고 만다. 기업의 유통 전략이 제품과 서비스를 어떻게 효과적으로 고객에게 전달할지에 관한 것이라고 본다면, 시니어 고객을 대상으로 할 때에는 일반 고객보다 더 세심한 배려가 필요하다.

시니어 고객이 상품을 제공받는 매장에서 어떤 니즈를 충족받고자 하는지, 사이버 공간에서 시니어 고객에게 어떻게 접근해야 할지에 대한 고민과 준비가 필요한 시점이다. 이번에는 시니어에게 차별화된 고객 접점을 제공하는 방법에 대해 다루고자 한다.

에이지 프렌들리가 필요할 때

"왜 이렇게 글씨가 작아?"

매장을 방문한 시니어가 서류를 작성할 때 자주 말하는 불만 중 하나다. 젊은 사원의 관점에서는 전혀 문제될 것이 없지만, 서류를 직접 작성하는 시니어 입장에서는 서류의 작은 글씨 하나하나가 불편하게 느껴지고, 이는 곧 매장 전체에 대한 불만으로 이어진다.

시니어는 자신의 몸 상태에 대해 티 나지 않게 배려해 주는 사람에게 감격하곤 한다. 이런 서비스를 미국에서는 '에이지 프렌들리age friendly'라고 부른다. 에이지 프렌들리가 적절하게 제공되기 위해서는 시니어의 신체 변화에 맞춘 응대와 배려가 필요하다.

시력 저하에 대한 배려

시니어의 시력 저하에 대응하기 위해서는 다음과 같은 배려가 필요하다.

1. 색의 대비나 채도의 차이를 분명히 하여, 시니어가 벽과 바닥의 경계나 계단 등을 인식할 수 있도록 하라.

2. 조명은 밝게 하되 카펫을 깔아 눈부심을 줄여라.

3. 유리문에 그림이나 글을 붙여 유리를 알아보기 쉽도록 하라.

4. 매장 안내문의 글자를 크게 하고, 되도록 알아보기 쉬운 색깔이나 그림문자 등을 활용하라.

청력 저하에 대한 배려

청력 저하로 고민하는 시니어와 원활한 의사소통을 하기 위해서는 우선 얼굴을 마주하고 대화하는 것이 가장 바람직하다. 상대방의 표정을 보고 몸의 움직임을 확인하면서 대화를 나눌 수 있기 때문이다. 이외에도 고려해야 할 사항은 다음과 같다.

1. 큰 소리로 말하되 천천히 말하고, 목소리에 음높이가 없어야 한다.
2. 시니어 고객에게 전화할 때는 전화벨이 8~10회 울릴 때까지 충분히 기다린다.
3. 대면 상담을 할 때에는 되도록 고객 바로 옆 오른쪽에 앉고, 큰 책상 건너편에는 앉지 마라.
4. 상담을 진행하는 동안 주위 소음을 없애라.

기억력과 사고력 저하에 대한 배려

나이가 들수록 복잡한 것을 기억하기 힘들어지고, 여기에 불편한 감정까지 들기도 한다. 시니어의 마음을 잡으려면 간단하고 알기 쉽게 제품을 개발하고 판매 방식을 간결하게 구성해야 한다. 또, 다양한 기능을 갖춘 제품보다는 본래의 한두 가지 기능에 초점을 맞춘 제품이 시니어에게 호응을 얻을 수 있다.

활동성 저하에 대한 배려

시니어 고객의 이동 편의를 위해 다음과 같은 사항을 배려할 수 있다.

- 문손잡이 없이 밀어서 여는 문(관절염으로 문손잡이를 돌리기 힘들어한다)
- 쿠션이 어느 정도 있는 푹신한 의자

이외에 고려해야 할 사항으로는 시니어 고객을 대할 때 느끼는 마음의 장애물을 없애는 것이다. 여기서 장애물이란 시니어에 대한 오해와 편견, 시니어의 입장이 아닌 자신의 관점에서 업무를 처리하려는 마음, 그리고 시니어를 응대하는 것을 불편해하거나 거부하려는 마음을 말한다.

☆☆☆ 불황에도 끄떡없는 게이오백화점의 성공 비결

무분별한 리뉴얼, 차별화되지 못한 신제품 투입 등으로 인해 최근 일본 백화점 업계의 매출은 좀처럼 감소세를 벗어나지 못하고 있다. 그 가운데 디플레이션 불황도 극복하며 좋은 실적을 올리고 있는 백화점이 있다. 바로 시니어를 주 타깃으로 하여 독자적인 비즈니스 노선을 전개하는 게이오京王백화점이다. 다른 백화점과는 달리 게이오백화점에는 특별한 고객 대응이 있는데, 여기서는 의류 판매를 중심으로 품질, 가격, 서비스, 상품 구비, QRQuick Response(신속 대응 시스템), 환경 등을 살펴보겠다.

품질	• 다운에이징 이미지, 디자인, 컬러를 전면으로 내세운다. • 젊은 감각을 살리면서도 손목 둘레는 넓게 만드는 등, 시니어의 체형을 고려한다. • 젊은 바이어와 디자이너를 기용하여 젊은 세대의 트렌드를 시니어 의류에 적절히 가미한다.
가격	• 비싸지만 부담스럽지 않은 '작은 사치'를 유도한다. • 조금 비싸지만 구입 가능한 가격을 제시한다.
서비스	• 동연배의 시니어 종업원을 배치하여 쇼핑 시 편안함을 느끼게 한다. • 시니어 특유의 심리를 고려하여 고객 응대를 실시한다.
상품 구비	• 최근 시니어 여성이 딸의 관심사에 공감하는 경우가 많은 점에 착안하여 모녀가 함께 입을 수 있는 스웨터를 판매한다. • 2센티미터마다 기장의 길이가 다른 팬츠를 선보여 시니어 여성의 신체 변화에 대응한다. • 4층 부인복의 높은 실적으로 1층 워킹슈즈 매장의 잠재 고객이 늘었다. 또한, 다른 층으로도 파급 효과가 이어져 게이오백화점 전체를 시니어의 놀이터가 되게끔 구성하였다. (2층은 20~30대 사무직 여성을 대상으로 한 의류 층이지만, 50세 이상의 시니어 고객이 20% 가까이를 차지하고 있다.)

QR	• 판매원의 메모는 이후 사내 논의를 거쳐 다양한 고객 대응 정책에 반영하고 있다. • 언변이 좋고 눈치가 빠른 직원을 배치하여 고객과의 상담에 신속히 대응하고 있다.
환경	• 시니어의 핸디캡을 고려하여 카테고리별 위치를 가능한 한 바꾸지 않고 있다. • 미끄러지지 않는 넓은 통로를 만들어 시니어의 느린 움직임을 배려한다. • 보통보다 10센티미터 낮은 선반과 천천히 움직이는 에스컬레이터를 통해 시니어의 어려움을 해소하였다. • 남녀양용화장실을 설치하였다. • 장애인용 화장실을 개실화(個室化)하여 시니어의 사생활을 존중한다. • 벽에 같은 디자인의 팬츠를 길이별로 걸어 두어, 시니어가 쉽게 비교할 수 있도록 하였다. • 피팅룸에 난간을 설치하여 안전하게 옷을 갈아입을 수 있도록 하였다. • 1층에 200개 이상의 의자를 배치하여 편안하게 쇼핑하게끔 하였다. • 백화점 광고의 경우 글씨를 크게 넣어 쉽게 눈에 들어오도록 한다. • 8층에 건강, 아름다움, 위안을 테마로 한 레스토랑가를 두었는데, 평소 적잖은 스트레스를 받는 시니어들에게 큰 인기를 끌고 있다.

세대를 아우르는 유니버설 디자인

유니버설 디자인의 정의

 유니버설 디자인Universal Design, 즉 UD란 성별, 연령, 국적, 장애 등에 상관없이 누구나 이용할 수 있도록 한 디자인(설계)을 말한다. 유니버설 디자인의 제창자 론 메이스Ron Mace는 1980년대에 유니버설 디자인을 모든 사람에게 적합한 디자인이라 정의하며 다음과 같은 일곱 가지 원칙을 제시하였다.

유니버설 디자인의 7대 원칙

 1. 공평성: 모든 소비자가 대등하게 이용할 수 있어야 하며, 공간이나 상품을 이용함에 있어 이용자를 구별하거나 차별하지 말아야 한다.

 2. 유연성: 광범위한 개개인의 욕구와 능력에 대처할 수 있어야 하며, 사용 방법을 선택할 수 있어야 한다. 예를 들어, 왼손잡이, 오른손잡이 모두 이용 가능해야 한다.

 3. 단순성과 직감성: 지역, 학력, 습관 등 이용자의 경험, 지식, 언어 등에 관계없이 알기 쉽고 이용하기 쉬워야 한다.

 4. 인지성: 그림언어, 언어, 촉지정보(만지고 느껴서 인지하는 정보) 등을 통해 안내 방향 등의 정보를 적절히 전달해야 하며, 시각장애인이나 청각장애인 등 지각에 장애가 있는 사람도 정보를 전달받을 수 있도

시니어 마케팅의 힘

록 적합성을 높여 주어야 한다.

5. 안전성: 손실을 최소화하고 잘못 사용할 경우에도 최소의 손실로 대처할 수 있어야 하며, 가능한 한 안전을 추구해야 한다.

6. 이용 시의 효율성: 이용 시에 있어서의 효율성, 즉 동작을 반복하지 않고도 간단히 이용할 수 있어야 한다.

7. 접근 가능하고 이용하기 쉬운 공간: 앉거나 서서도, 즉 신장에 영향을 받지 않고 다양한 눈높이를 맞출 수 있어야 한다. 손으로 쥐기 편해야 하며, 손으로 잡는 부분의 크기 또한 다양해야 한다. 활동 보조기기나 활동 보조인을 이용하기 위해서라도 충분한 공간이 있어야 할 것이다.

유니버설 디자인의 활용

유니버설 디자인의 관점에서 본 시니어 고객에게 좋은 매장 공간이란 다음과 같은 특성을 가진 경우를 말한다.

- 매장 공간의 구성과 동선을 이해하기 쉽다.
- 손잡이나 스위치 등의 조작이 간편하다.
- 시니어가 독립적으로 활동할 수 있다.
- 안전하다.

유니버설 디자인의 효과

유니버설 디자인 하나만으로도 여러 가지 효과를 얻을 수 있다. 시니어가 불편함 대신 편안함을 느낄 때 고객 응대가 수월하게 이루어진다.

첫째, 고객이 만족한다

유니버설 디자인이 적용된 매장 공간을 시니어 고객이 한 번이라도 체험한다면, 공간이 편하게 느껴져 기업에 대해 더욱 우호적인 태도를 가질 수 있다. 즉, 유니버설 디자인으로 고객 만족을 유도하는 것이다.

둘째, 차별화된 마케팅이 가능하다

매장에 유니버설 디자인을 적용했다면 그것을 표시해 놓는 것이 좋다. 아무리 유니버설 디자인이 적용됐더라도 이것을 고객에게 전달하지 않으면 소용이 없다. 고객이 매장의 숨은 비밀을 알게 되면, 자신이 존중받고 있다는 사실에 만족감을 느낄 것이다. 유니버설 디자인을 통해 고객에게 친근하게 다가설 수 있다는 점에서 차별화된 마케팅이 가능하다.

셋째, 세대를 아우를 수 있다

유니버설 디자인은 단지 시니어에게만 어필하지 않는다. 사용하기 쉬운 디자인이란 시니어뿐 아니라, 젊은 세대도 갖고 있는 니즈 중 하나다. 이런 의미에서 유니버설 디자인은 세대를 뛰어넘는 디자인이라 할 수 있으며, 이를 통해 여러 세대의 고객을 끌어들일 수 있다.

시니어 마케팅의 힘

☆★☆ 노인 대접은 아무런 효과가 없다

시니어는 마음속으로 실제 나이보다 자신이 젊으며, 아직 노인이 아니라고 생각한다. 그러나 노화에 따른 신체 변화는 분명히 진행되고 있다. 어쩌면 노화를 받아들이고 싶지 않기 때문에 마음속으로 자신이 노인이 아니라고 생각하는지도 모른다.

따라서 이러한 마음과 몸의 격차를 좁힐 수 있다면 시니어 마케팅이 수월하게 이뤄질 것이다. 그동안 기존 상품에는 지나치게 '노인용'이라는 느낌이 드는 디자인이 많았다. 그저 나이만 보고 노인 이미지를 떠올려 이를 디자인에 반영했기 때문이다.

미국의 쇼핑몰 업체인 '골드바이올린Gold Violin'은 시니어의 잠재 니즈에 눈을 돌리면서 매출이 크게 늘었다. 1999년 창업한 이 회사는 미국의 시니어 비즈니스 분야에서 영향력 있는 단체인 아메리칸 소사이어티 오브 에이징American

골드바이올린

Society of Aging에서 2002년 올해의 비즈니즈상Business of the year을 수상하기도 하였다.

골드바이올린은 선물 시장에서 사업 기회를 찾았다. 일반적으로 사람들에게는 부모 또는 자녀에게 선물을 할 때, 다른 사람에게 선물할 때보다 조금 비싸더라도 선뜻 구입하려는 경향이 있다. 그전까지만 해도 자녀가 시니어인 부모에게 선물을 할 때 선물 가짓수가 적어 적당한 것을 찾기 어려웠다. 골드바이올린은 이 점에 착안하여 일단 선물 품목을 차별화하고, 선물 상품 이외의 상품도 판매한다는 사업 전략을 세웠다.

골드바이올린은 현재 연간 4만 건 이상 판매가 이루어지며, 특히 크리스마스 같은 휴가철에는 주문량이 쇄도하고 있다. 이 회사에서 취급하는 판매 상품 품목은 수천 가지에 이른다. 그중 베스트셀러로는 글씨를 잘 볼 수 있는 확대경, 보행 보조용 지팡이, 음성으로 시간을 알려 주는 손목시계, 관절염을 앓아도 쓰기 편리한 병따개와 펜, 길이가 늘어나는 막대기 등이 있다.

골드바이올린의 사장인 코니 홀키스트Connie Hallquist는 상품 개발과 품목 구비에 대해 최종적으로 관여한다. 홀키스트는 골드바이올린을 창업하기 전에 대형 식품제조회사, 브랜드 전략 컨설팅회사 등에서 브랜드 전략을 담당했다. 그는 경험을 살려 시중에 나온 여러 가지 제품 중 골드바이올린에 맞는 상품을 골라냈다. 또한, 여기에 골드바이올린만의 이름을 붙여 상품의 가치를 올려놓기도 하였다.

골드바이올린은 다음과 같은 기준을 두고 상품을 선택하고 있다.

1. 고객의 불편함을 해소할 수 있는 것
2. 기능뿐만이 아니라, 독특한 스타일을 가진 것
3. 포장의 경우 개봉이 쉽고, 조립의 경우 조립 방법이 간단한 것
4. 사용하기 편리한 것

시니어가 자주 찾는 매장은 따로 있다

소비 경험이 많은 시니어는 브랜드나 상점에 대한 선호가 확고하고, 자신의 단골 가게에 대한 충성도가 높은 편이다. 즉, 많은 시니어들이 익숙한 브랜드나 매장을 애용하고 있는 것이다. 독특한 점은 브랜드에 대한 충성도만큼 매장에 대한 충성도도 매우 높다는 것이다. 이는 시니어가 단골 매장과 오랫동안 거래하고, 소비에 있어서 유대관계를 중시하기 때문인 것으로 보인다. 즉, 시니어의 단골 매장이 된다면 시니어 비즈니스의 반은 성공한 셈이다. 그렇다면 어떻게 시니어의 단골 매장이 될 수 있을까? 여기에는 '접근성'과 '편리성'이라는 두 가지 요소가 있다.

접근성: 쉽게 찾아갈 수 있어야 한다

대부분의 시니어는 편하게 찾아갈 수 있는 매장을 선호한다. 오랫동안 걷거나 직접 운전하여 먼 거리를 이동하는 것에 대해 부담감을 느끼기 때문이다. 시니어의 비중이 높은 지역에서는 시니어를 고려하여 접근성을 높이는 것이 매우 중요하다. 단, 시니어들 가운데서도 젊은 경우, 식품 구매를 제외하고는 백화점이나 대형 마트 등을 선호하는 편이니 유의해야 한다.

대형 유통업체가 증가하는 가운데, 접근성 좋은 동네 작은 상점이 시니어에게 인기를 끈다는 것은 시사하는 바가 크다. 첫째, 시니어는 오랫동안 이용해 온 단골 가게를 쉽게 바꾸지 않는다. 둘째, 시니어는 아무리 싸게 살 수 있어도 도심의 매장까지 가는 것을 피곤해한다. 셋째, 시니어는 친절한 설명을 듣기 원할 때 가능하면 안면 있고 신뢰가 쌓인 동네 상점의 사원을 찾는다. 이러한 시니어의 특성을 고려해 본다면 유통 전략에 있어서 대규모 유통채널만 고집할 것이 아니라, 소규모 유통채널도 유연하게 고려해 봐야 할 것이다.

편리성: 쉽게 사용할 수 있어야 한다

시니어 고객에게는 편리한 게 가장 중요하다. 매장이 편리하다는 것은 구조가 복잡하지 않고 단순하며, 시니어 고객의 신체 조건에 맞는 경우를 말한다. 예를 들어, 동선이 길지 않고, 물건을 너무 높은 곳에 진열하지 않는 등, 시니어를 배려한 것이다. 시니어 고객이 편리함을 느끼는 매장에는 다음과 같은 요소들이 있다.

- 쉽게 찾을 수 있는 위치
- 전문 지식을 갖춘 친절한 종업원
- 일대일 고객 접대
- 구매 결정에 대한 도움 제공
- 휴식 공간
- 문손잡이 대신 밀어서 여는 문
- 쉽게 앉았다 일어날 수 있는 적절한 쿠션의 의자

• 빛이 반사되지 않는 바닥재와 적절한 조명

접근성과 편리성은 기업에서 시니어 마케팅을 차별화할 수 있는 핵심 요소이기도 한다. 기업은 제품과 서비스를 광고하는 데 있어서도 이 점을 부각해야 한다. 또한 광고의 경우, 가능한 한 단순하고 이해하기 쉽게 설명해야 한다는 점을 잊지 말아야 한다.

☆★☆ 재래시장에서 배우다

앞서 언급했듯이, 게이오백화점은 오늘날 자타가 공인하는 일본 최고의 시니어 비즈니스 성공 사례. 게이오백화점의 성공 이면에는 '하라쥬쿠'라는 애칭을 가진 '스가모 지장대로의 재래시장 상점가巣鴨地藏通商店街'가 있다. 하라쥬쿠는 할머니들이 자주 찾는 곳이기도 한데, 당시 게이오백화점 사장이 스가모를 보고는 시니어에 주목하게 되었다고 한다.

스가모는 옛 에도시대 때의 대로 중 하나로, 에도시대 중기부터 상점가로 조성되기 시작했다. 폭 8미터, 길이 780미터의 이 대로에는 오늘날 190여 개의 상점들이 위치하고 있다. 행사 때는 하루 24만여 명의 방문객을 기록하기도 했으며, 평균 하루 2만여 명의 시니어가 일본 전국에서 찾아온다고 한다. 특히 혼자 혹은 친구 한 명과 방문하는 시니어 여성이 80% 정도다. 그 가운데 어렸을 때부터 이곳을 방문했던 사람들이 적지 않다. 대다수 일본 기업들은 시니어 비즈니스 마케팅을 강화해야 할 근거로 스가모를 들고 있다. 일례로 모 은행은 6개월에 걸쳐 직원들을 대상으로 스가모에 대한 마케팅 교육을 진행하였다. 그렇다면 일본 기업들은 왜 스가모를 주목하는 것일까? 스가모에는 시니어를 기대 이상으로 만족시키는 108가지 기술들이 있다고 한다. 여기서는 그 가운데 가격과 편안함에 대한 내용을 소개하겠다.

◆ **국내 최저 가격**: 고객을 대상으로 설문 조사를 한 결과, 인근 상점이 아닌 스가모를 애용하는 이유로 과반수가 '국내 최저 가격'을 꼽았다. 대부분의 의류가 1000엔 이하이며, 먹을거리 역시 가격이 매우 저렴한 편이다. 저렴하다는 인식 때문인지 33%의 시니어가 한 번 방문 시 결코 적지 않은 돈인 1만 엔 이상을 쓴다고 한다.

◆ **60년대 모습 그대로의 편안함**: 상당수 일본의 재래시장은 우리나라와 같이 현대화를 거치며 옛 모습이 사라졌다. 하지만 스가모는 이를 거부한 채 60

년대의 모습을 그대로 보존하고 있다. 때문에 많은 시니어들이 익숙한 풍경에 편안함을 느끼고 있다.

물론 개선된 점도 있다. 이해하기 힘든 영문 표기는 배제하고, 메이지시대의 기스등이 연상되는 가로등을 설치하였다. 또한, 시니어를 위한 배달 시스템을 구축하고 보행이 편하도록 거리를 정비했다.

마음이 편해야 구매가 이루어진다

시니어의 사랑을 받는 단골 매장이 되고자 할 때, 안정감과 따뜻함을 빼놓을 수 없다. 시니어 고객을 응대할 때 분위기가 산만하거나, 업무를 처리한다는 느낌으로 냉랭하게 대하면 시니어는 불안감을 느끼기 쉽다. 그렇다면 안정감과 따뜻함을 고객에게 전달하려면 어떻게 해야 할까?

안정감: 매장을 정리하라

고객의 안정감은 주로 응대 장소에서 일어난다. 따라서 매장 구성과 제품 배치에 이르기까지 시니어 고객이 안정감을 느낄 수 있도록 구성해야 한다. 안정감이 드는 공간을 만들기 위해서 고려해야 할 사항은 다음과 같다.

- 발에 걸릴 만한 장애물을 제거한다.
- 눈부신 조명이나 바닥재를 피한다.
- 고객이 매장을 파악하기 쉽도록 꾸민다.
- 안정감이 들도록 상품을 진열한다.
- 시각이나 청각 등의 자극을 줄인다.

시니어 마케팅의 힘

따뜻함: 배려하는 마음을 가져라

시니어 고객과 만날 때에는 무엇보다 고객을 배려한다는 마음을 드러내야 한다. 따뜻한 마음으로 고객을 응대해야만 마케팅을 성공적으로 끝낼 수 있다. 따뜻한 분위기 조성을 위해서는 다음과 같이 세심한 배려가 필요하다.

- 일회용 컵보다는 머그잔으로 차를 대접한다.
- 핸드메이드 과자나 부드러운 사탕 등을 제공한다.
- 요리책 등 시니어 고객이 관심을 갖는 분야의 책을 읽을거리로 내준다.
- 응대하는 사원의 가족사진이나 격언이 적힌 액자 등을 배치한다.
- 앉아 있기 편한 의자를 놓는다.

이처럼 안정감과 따뜻함을 제공하기 위해서 기업은 매장 인테리어에 더욱더 신경을 쓰고, 고객 응대에 관해서도 직원 교육을 철저히 실시해야 할 것이다.

☆☆☆ 딱딱한 은행에서 편안한 은행으로

과거 미국에서는 은행이라 하면 철망으로 무장된 금고라는 이미지가 강했다. 점차 자동화기기가 도입되고, 정보 시스템으로 재무장하면서 현재 미국의 은행은 빠르고 믿음직한 이미지로 바뀌었다. 그러나 첨단 장비를 통해 고객의 요구를 빠르게 처리하게 되었지만, 자동화가 될수록 고객과의 대면 접촉이 줄어들었다. 때문에 은행에서 VIP 고객과의 소통이 점점 어려워졌다.

움프쿠아 은행Umpqua Bank은 1990년대 중반부터 VIP 고객을 중심으로 매장 인테리어를 바꾸고 영업 방식을 개선했다. 일반 고객에게 창구 서비스를 운영하고, VIP 고객에게는 개별화된 슬로우 서비스slow service를 제공했다. 그 결과 한 점포를 호텔처럼 바꾸는 데 75만 달러가 들었지만, 리모델링 후 오픈한 지 일주일 만에 100만 달러, 9개월 만에 5000만 달러를 신규 유치했다. 이 지점은 지역 내 경쟁사 지점에 비해 3배 많은 성과를 올렸다. 그 결과 은행 직원의 영업 태도도 크게 좋아져, 고객 만족도 또한 매우 높아졌다.

VIP 마케팅을 실시하기 전인 2000년까지만 해도 움프쿠아 은행의 자산은 5억 달러 수준이었으나 불과 4년 만에 10배인 50억 달러로 늘어났다. 수익도 개선되어서 1999년에 비해 2003년 이익이 4배나 증가했다. 수익 구조 면에서도 1999년 예금과 대출의 수수료가 대부분이었던 것에서, 현재 다양한 쪽에서 수익을 확보할 수 있게 되었다. 2003년에는 주요 수익원이 중개료, 융자, 보험 수입 등이었고, 이들은 총수익의 60% 이상을 차지했다. 또, 종전에 비해 중개료는 12배, 융자는 5.5배 성장하였다.

움프쿠아 은행의 VIP 마케팅 전략은 다음과 같다.

첫째, VIP 고객을 위한 특별한 공간이다. VIP 고객만의 편안한 공간에서 고객이 장시간 머물게 되자, 좋은 상품과 서비스를 어필할 수 있었다. 움프쿠아 은행은 1층은 지역 상점, 2층은 호텔 로비 같이 인테리어를 바꿨다. 덕분에 1층이든 2층이든 편안한 분위기가 조성되어 고객이 여유롭게 머물며 직원과 자연스레 친해질 수 있었던 것이다.

둘째, 특별한 직원 교육이다. 움프쿠아 은행의 직원들은 리츠칼튼호텔에서 고객 중심 서비스 교육을 받았다. 리츠칼튼호텔은 100년의 역사를 자랑하며, 고객에게 차별화된 개인별 서비스를 제공하는 것으로 유명하다. 이러한 서비스 교육을 통해 움프쿠아 은행의 직원들은 고객의 기호를 파악하고, 고객을 위한 마음가짐을 갖출 수 있었다. 움프쿠아 은행은 기존 은행과 다르게 능동적으로 움직인다. 창구에서 고객을 기다리지 않고 고객에 "무엇을 도와드릴까요?"라고 물으며 다가간다. 이와 같은 전략으로 고객의 마음을 움직일 수 있었던 것이다.

떠오르는 블루오션, 사이버 공간

'디지털 시니어'의 부상

최근 들어 인터넷 쇼핑은 물론, 블로그, 카페, SNS를 즐겨 찾는 시니어가 늘고 있다. 시니어 사이에서 은퇴를 준비할 때 컴퓨터를 배우는 게 필수라는 이야기가 나올 정도이다. 웹버족[웹(web), 실버(silver), 족(族)의 합성어], 노티즌[노인과 네티즌(netizen)의 합성어], 실버티즌[실버(sliver)와 네티즌의 합성어] 등 다양한 신조어까지 등장하고 있는 현실이다. 이러한 '디지털 시니어'는 구매력과 충성도가 높아 향후 우수 고객층이 될 가능성이 높다. 기업들은 디지털 시니어 세대의 성장에 부응하여 시니어가 좀 더 편안하고 안전하게 인터넷에 접근할 수 있도록 다양한 방안을 준비해야 한다.

시니어에 맞는 인터넷 쇼핑몰이란?

최근 조사 결과 인터넷 쇼핑몰 고객 가운데 50대 이상 고객이 꾸준히 늘고 있으며, 해당 고객층의 1인당 평균 매출 또한 가장 높은 것으로 나타났다. 하지만 시니어 고객이 인터넷 쇼핑을 하는 데에는 여러 장애물이 존재한다. 작은 글씨, 복잡한 메뉴와 상품 구성, 눈에 피로를 주는 배경 색깔과 이미지 등이 그렇다. 또한, 아직까지 인터넷 사용을 불편해하는 시니어가 많다는 것과 마우스나 키보드를 사용할 때 느끼는 불편함도 인터넷 쇼핑을 어렵게 하는 요소 중 하나다.

시니어의 SNS 활용법

비록 인터넷 이용률은 높지만 인구 감소로 이용자 수가 줄어드는 젊은 세대에 비해 50대 이상 인터넷 이용자는 절대적인 수는 적지만 고령화에 따라 지속적으로 이용률과 이용자 수 모두 증가세를 보이고 있다.

시니어가 사이버 공간을 적극적으로 활용하려는 욕구는 그들의 강한 네트워크 욕구에서 찾을 수 있다. 시니어는 나이가 들수록 가족, 친지, 친구와의 긴밀한 관계 유지와 모임을 매우 중요시하며, 특히 자신에 대한 기록을 가족들과 공유하고 싶어 한다. 이러한 시니어에게 가까운 사람들과 쉽게 소통할 수 있는 인터넷이야말로 매우 유용한 도구라고 할 수 있다. 지인들과 이메일 또는 화상채팅을 하거나, 가족 블로그와 홈페이지를 만들어 소통하려는 시니어가 늘어나는 추세다.

해외에서도 비슷한 사례를 확인할 수 있다. 예를 들어 일본에서 시니어 대상으로 한 SNS인 '지분시自分史'는 자신의 기록을 남기고 싶어 하는 시니어의 니즈를 충족시켜 주며 인기를 끌고 있다. 지분시에서는 자신의 이야기는 물론 다른 사람들의 이야기를 읽어 볼 수 있고, 메시지를 주고받을 수도 있다. 즉, 동년배와 추억을 공유할 수 있는 것이다.

앞으로의 전망

　이제 더 이상 인터넷은 젊은이의 전유물이 아니다. 시니어에게도 인터넷은 쇼핑, 게임, 금융 거래, 커뮤니티 활동 등으로 일상에 자연스레 자리 잡았다. 시니어들은 사람과의 소통을 통한 관계 유지를 중요시하기 때문에, SNS 등의 경우 앞으로 이용자 수가 점점 늘어갈 것으로 전망된다. 따라서 기업에서는 화면 글자 크기나 마우스 사용 등 시니어 세대가 인터넷에 접근할 때 마주하는 장벽을 낮출 수 있도록 방안을 모색할 필요가 있다.

시니어 마케팅의 힘

☆☆☆ 유기농 야채전문 사이트 오이식스

'오이식스Oisix'는 재료 구매 담당자가 안전한 식품을 직접 선택하는 것으로 입소문 난 신뢰 받는 일본의 식료품 전문 쇼핑몰 업체다. 최근 식품 안전에 대해 불안해하는 사람이 늘면서 주문이 크게 늘었다. 해당 사이트는 주부뿐 아니라, 시니어에게도 큰 호응을 얻고 있다.

채소와 채소 레시피를 함께 제공하는 오이식스의 세트 상품

오이식스의 성장 전략은 다음과 같다.

첫째, 사업 초기 제휴에 주력한 것이다. 오이식스는 일본 전국의 유기농 야채 생산 농가와 네트워크를 맺고 있는 기업과 제휴하며 안전한 식품을 공급받을 수 있었다. 상품을 판매할 때는 대형 유업 업체의 대리점을 이용했다. 즉, 우유를 배달하는 대리점에서 직접 배달함으로써 빠른 배송이 가능했던 것이다. 한편, 유업계 대리점에서 우유를 배달받는 소비자는 주로 시니어였는데, 덕분에 오이식스는 시니어의 관심을 끌 수 있었다.

이렇게 기본적인 판매망을 확보한 후, 인터넷을 활용하여 통신판매의 매출을 늘려 나간 것이다. 현재는 인지도가 높아져 레스토랑, 슈퍼마켓 등 여러 업체가 거꾸로 오이식스에 제휴를 제안하고 있다고 한다.

둘째, 볼거리 제공을 통한 신뢰감 획득이다. 오이식스는 인터넷을 통해 고객에게 채소와 과일이 자라는 모습, 공급하는 농가의 모습을 직접 볼 수 있게끔 하였다. 채소나 과일의 경우에는 재배한 농부의 사진과 이름 및 자기소개, 상품의 재배 방법 및 특징 등을 적어 농부가 직접 소비자에게 홍보하는 코너도 마련하였다. 이 같은 행보는 고객에게 볼거리를 제공할 뿐만 아니라, 믿고 살 수 있는 곳이라는 이미지를 심어 주었다.

셋째, 객관적인 평가 제도이다. 오이식스에서는 수입산이든 일본산이든 책임 소재를 분명히 밝히고 있다. 또한, 인지도 있는 식품 전문가들이 별 다섯 개 만점으로 각 식품을 평가한다. 또한 의사, 영양사, 요리연구가, 주부 등으로 구성된 식질감사위원회를 두고, 객관적인 평가 자료를 제공받고 있다.

넷째, 배달 시스템이다. 시니어는 식자재가 무거울 경우 이를 들고 오지 못한다. 때문에 아무리 시장에서 물건을 싸게 판다 해도 직접 배달해 주는 슈퍼마켓으로 발길을 돌리는 경우가 많다. 오이식스는 이에 착안해 매주 또는 격주로 세트 메뉴를 정기 배달해 주는 서비스를 운영하고 있다. 배달 서비스에서는 원하는 날짜와 시간을 정할 수 있다. 또한, 시니어가 이용하기 편하도록 온라인뿐만 아니라, 오프라인에서도 전화 주문이나 카탈로그 주문 방식으로 통신판매를 겸하고 있다.

다섯째, 오마카세お任せ 세트이다. 오이식스의 인기 상품 중 하나인 오마카세 세트는 검사 과정에서 모양이 약간 찌그러지거나 크기가 작아 상품으로 팔지 못한 채소와 과일을 모아 저렴한 가격에 판매하는 것을 말한다. 상품성은 떨어지지만 맛과 안전성이 일반 상품과 동일하다. 오마카세 세트는 보통 1480엔에 판매된다.

시니어는 식품 구매에 있어 안전한 먹거리와 편리한 이용 그리고 합리적인 가격을 원한다. 이처럼 오이식스는 시니어의 니즈를 해결함으로써 매출을 크게 늘릴 수 있었다.

5장

3단계
고객상담

기업의 광고를 보고 관심이 생긴 한 시니어 고객이 매장을 방문하였다고 해보자. 이때 전개해야 할 단계는 바로 '고객 상담'이다. 제품과 서비스에 대한 고객의 니즈를 통해 관계를 만들어 나가는 과정을 고객상담이라 할 수 있다. 그렇다면 시니어 고객과 상담하는 데 있어서 어떤 것들을 준비해야 할까? 이 장에서는 시니어 고객과의 상담에 있어서 필요한 여러 가지 사항들에 관해 이야기하고자 한다.

시니어의 심리를 고려하라

시니어 고객과 상담할 때, 먼저 시니어의 심리적 특징을 파악해 놓으면 상담에 큰 도움이 된다. 상담하는 데 있어 참고해야 할 시니어의 일반적 심리 특징은 다음과 같다.

불안한 마음을 구매와 연결한다

시니어 고객은 자신의 불안한 마음을 해결해 줄 제품과 서비스를 찾는다. 때문에 시니어 고객이 믿고 맡길 수 있는 서비스 사원을 양성하는 것이 중요하다. 또한, 상품 판매 중심이 아닌, 고객 중심의 상담 지점을 늘리고, 더욱 적극적으로 시니어 고객의 불안을 해소시킬 방안을 모색해야 할 것이다.

스스로를 실제 나이보다 젊다고 느낀다

시니어 고객은 스스로를 실제 나이보다 10~15세 정도 젊다고 느낀다. 시니어 고객의 나이를 그대로 반영하여 마케팅과 영업에 적용하면, 시니어 고객은 만남 자체를 꺼릴 수도 있다. 나이는 시니어 고객에게 있어 민감한 주제가 될 수 있으므로, 인사나 상담을 할 때 말 한마디마다 신경을 써야 한다.

시니어 마케팅의 힘

고독감, 무력감 등을 많이 느낀다

시니어 고객은 점차 이용하는 기업이 정해지게 마련이다. 이때 자신의 스타일을 알아보는 영업 사원의 서비스에 편안함을 느끼면, 이런저런 이야기를 나눌 수도 있다. 이는 시니어가 평소 고독감, 무력감 등을 많이 느껴서이다. 따라서 시니어가 좋아할 만한 소재를 꺼내 상담을 시작한다면, 시니어 고객과 좋은 관계를 맺을 수 있을 것이다.

사회에 도움을 주고 싶어 한다

시니어 고객은 수익의 일부를 기부하거나 자선 활동에 적극적으로 참여하는 기업을 지지하는 성향이 강하다. 이렇듯 사회에 기여하고자 하는 의식이 강한 시니어 고객은 해당 기업의 제품과 서비스를 구입함으로써 자신의 소비활동이 사회 기여로 이어진다고 믿는다. 그러므로 시니어 고객의 참가로 이루어지는 자선 모금이나 사회 공헌 활동은 상당히 큰 효과를 발휘한다. 특히 60~70대 시니어들은 손주 세대에 도움을 줄 수 있는 장학금이나 학교발전기금 기부 등에 관심이 많다.

결정하기까지 어느 정도 시간이 필요하다

시니어 고객을 대상으로 판매를 할 때에는 인내심이 필요하다. 시니어들은 최종 결정을 내리는 데 있어서 젊은 세대보다 신중한 태도를 보인다. 따라서 기업은 시니어 고객에게 충분한 자료를 제공하고,

스스로 결정할 수 있도록 여건을 마련해 줘야 한다. 참지 못하고 시니어에게 구매 결정을 강요한다면, 부작용이 일어날 수 있다.

유행에 휩쓸리지 않는다

시니어는 살아오면서 자신만의 스타일을 만들어 왔다. 현재 어떤 것이 유행하는지는 알고 있으며, 그것이 자신에게 어울릴지 명확하게 판단한다. 따라서 시니어 고객과 상담하면서 최신 유행을 언급할 때에는 유행을 지나치게 강조하지 않도록 유의해야 한다.

가격보다 가치에 더 관심이 있다

경제적으로 여유 있는 시니어 고객이 직원과의 상담으로 얻고자 하는 것은 저렴한 가격으로 살 수 있는가보다 자신이 이걸 사면 어떤 가치를 얻을 수 있는가이다. 여기서 가치란 브랜드, 품질, 사회 평가 등을 고루 평가하여 내린 결과를 말한다.

☆★☆ 시니어가 노후에 하고 싶은 것들

노무라종합연구소Nomura Research Institute가 실시한 〈단카이 세대 제2의 삶에 대한 설문 조사〉에 의하면 단카이 세대는 퇴직 후 자아실현 활동에 대해 매우 적극적인 의지를 보였다.

다음의 표는 '60세가 지나면 하고 싶은 것은 무엇인가?'라는 질문에 중복으로 응답한 결과이다

단카이 세대의 제2의 삶에 대한 비전

분야	응답률(%)
국내외 여행	68.4
산책, 하이킹	38.8
자원봉사활동	26.8
스포츠, 헬스	26.0
영화 감상	24.0
시골 생활, 시골 및 도시 왕래	23.2
해외 장기 체류	23.0
새로운 인간관계 형성, 친구 만들기	20.8
지역 활동	20.6
집짓기(집수리)와 정원 만들기	19.8
퇴직금 등을 활용한 자금 운용 및 투자	18.8
요리	17.2
블로그 등 인터넷에서의 정보 발신	16.6
저작, 도예, 예술 활동	12.4
악기 연주, 노래	12.2
기업, NPO 설립	10.0
외국어 공부, 외국인 친구 만들기	9.6
골동품, 취미 삼아 물건 모으기	7.2
연애	5.0
일본 전통 예능 배우기	4.2

종교 공부	3.6
기타	4.6

정해진 항목을 선택하는 조사 방식으로 시니어의 자아실현 목표를 알아보기에는 한계가 있다. 따라서 노무라종합연구소는 자유 응답 방식으로서 100자 이내로 각자의 꿈을 적도록 했다.

이에 대해 93%의 응답자가 글 쓰는 데 부담을 느끼면서도, 각자의 꿈을 써주었다. 단카이 세대의 제2의 삶에 대한 의욕이 얼마나 강한지를 보여 주는 대목이다.

자유 응답으로 본 독자의 꿈 사례(유형별 자아실현 활동)

유형	독자의 꿈 사례
여행	• 여유를 갖고 세계 각지를 여행하고 싶다. 마음에 드는 곳에서 1주일 또는 1개월씩 머무르면서 생활해 보고 싶다. • 연 1회 세계철도여행을 3개월간 가보고 싶다. • 모든 세계유산을 견학하고 싶다. • 캠핑카를 타고 여름에는 북해도, 겨울에는 오키나와를 돌고 싶다.
취미 활동	• 40년 정도 수집해 온 레코드, CD 등을 대용량 고음질로 천천히 듣고 싶다. • 커다란 디오라마(diorama)를 만들어 철도 모형 등을 두고 싶다. • 해변에서 낚시를 하거나 그림을 그리고 싶다. 연 1회 개인전을 개최하고 싶다. • 산의 잡목을 촬영해 종류별 특징을 조사해 보고 싶다. • 도예를 해보고 싶다. 내가 쓸 그릇을 직접 만들고 싶다. • 역사를 좋아해서 그리스 신화부터 시작하는 세계사를 자세하게 공부하고 싶다. 가능하면 역사적 장소를 찾아가 보고 싶다.
회춘	• 어렸을 때 자란 곳이나 추억이 있는 장소를 찾아가 보고 싶다. • 미국에 살았을 때 놀러 갔던 국립공원을 다시 방문해 옛날처럼 캠프 생활을 하고 싶다. • 젊은 이성과의 커뮤니케이션을 통해 다시 한 번 인간(애)에 대해 배우고 싶다.

자연 생활	· 북쪽 지방에서 농사를 하면서 자연과 함께 생활하고 싶다.
	· 여유 있게 자급자족하면서 시골에서 생활하고 싶다. 부부가 함께.
	· 인구가 적은 지방으로 이사가 자급자족하며 청경우독(晴耕雨讀)하고 싶다.
	· 날씨가 따뜻한 비닷가 근처에 집을 지어 밭농사를 하고, 골프와 낚시를 즐기며 비가 오면 음악을 들으면서 책을 읽고 싶다.
	· 전원생활을 할 집을 직접 짓고 싶다.
목표 도전	· 유명한 산을 등산하고 싶다.
	· 테니스 시니어 대회에 출전해 우승하고 싶다.
	· 울트라 마라톤에 매년 출전해 완주하고 싶다.
	· 무술 대회에 출전해 우승 타이틀을 획득하고 싶다.
	· 단거리 달리기, 30m 달리기가 가능하도록 체력을 키우고 싶다.

* 출처: 2010 일본(매경출판, 2007)

배려하는 마음으로 상담하자

시니어 고객에게 영업보다도 중요한 것은 배려다. 시니어의 경우, 자녀는 독립하고 직장에서는 은퇴하여 이전까지 쌓아 놓았던 인간관계가 점차 축소된다. 이에 시니어는 고독감을 느끼며 인간적인 커뮤니케이션이나 만남을 원하게 된다. 그러므로 시니어와 소통하기 위해서는 '배려하는 마음'을 가져야 한다. 시니어 고객을 배려하지 않고, 단순히 판매만 진행하려고 하면 성공률이 낮을 수밖에 없다. 그렇다면 서비스 사원이 가져야 할 '배려하는 마음'이란 무엇을 의미할까?

편안하도록 배려한다

시니어 고객은 마음속으로 '좀 내버려 둬. 하지만 필요할 때는 빨리 달려와서 나를 도와줘'라고 생각한다. 즉, 편안한 마음으로 천천히 즐기면서 쇼핑을 하고 싶어 하는 것이다. 따라서 매장을 방문했을 시 편안함을 느끼도록 서비스를 제공해야 한다.

몸과 마음이 힘들지 않도록 배려한다

시니어는 스스로를 젊은 사람 못지않다고 생각하지만, 건강은 하루가 다르게 나빠지고 있다. 따라서 불편한 몸이 사람들의 눈에 띄지 않도록 신경 써준다면 시니어는 감동받을 것이다. 예를 들어, 구

시니어 마케팅의 힘

입한 상품에 관한 주의 사항을 시니어가 확실히 이해할 때까지 친절하게 설명해 주는 것이 있다.

경쟁자보다 한 가지를 더 배려한다

시니어는 누군가가 자신에게 신경 써주고 있다는 것을 알았을 때 기뻐한다. 그러므로 구입한 상품을 고객이 제대로 이용하고 있는지, 도움은 되는지, 고장은 없는지 등을 정기적으로 연락하여 확인하면 시니어 고객의 마음을 붙잡아 둘 수 있다. 고객이 연락하기 용이하도록 무료 전화번호를 알려주는 것도 좋다. 물론 문제가 발생하면 즉시 해결해 주는 체제도 갖추어야 한다. 이런 대응이 시니어로부터 신뢰를 얻을 수 있는 기회가 된다. 또한, 신상품이나 할인 판매 등, 세세한 소식도 놓치지 말고 알려줘야 한다. 생일이나 크리스마스에 담당자가 사인을 한 카드를 보내는 것도 좋은 방법이다. 누구나 다 하는 서비스에 뭔가 하나를 더하는 '원 플러스 원 케어1 plus 1 care'야말로 시니어를 충성 고객으로 만드는 길이다.

스스로 결정하도록 배려한다

시니어는 모든 일에 대해 다른 사람이 이래라저래라 하는 것을 싫어한다. 한번 세운 가치관이 세월이 흐르면서 굳어졌기 때문이다. 따라서 시니어 고객이 "어느 것이 좋을까요?"라고 물었을 때, 솔직하게 의견을 말하는 것도 좋지만 결과적으로 고객 스스로 구매를 결정하도록 해야 한다.

친절한 서비스를 통해 배려한다

시니어 고객에게 있어 '친절한 서비스'란 어떤 의미일까? 고객 상담 시 편하게 이야기하고, 필요할 때 즉각적으로 도움을 받는 것을 말한다. 따라서 이를 반영한 서비스 정신을 발휘할 필요가 있다.

☆☆☆ 시니어와 금융의 만남, 금융노년학

미국에서는 고령화 사회를 맞아 '노년학Gerontology'이라고 하는 새로운 학문 분야가 생겨났다. 노년학이란 고령화 과정에 관한 학문으로 고령화와 노년에 대한 연구를 기본으로 한다. 여기에 이와 연관된 다른 학문들, 즉 인류학, 생물학, 경제학, 심리학, 사회학 등이 결합된 복합적인 성격의 학문이다. 이러한 노년학에 금융업을 적용한 것이 바로 '금융노년학financial gerontology'이다.

금융노년학이란 금융업계에 종사하는 전문가들을 대상으로 교육하는 노년학을 의미한다. 금융노년학에서는 고객의 인생 전반에 걸친 자산관리와 늙어가는 고객과 그 가족들의 상황을 공부한다. 시니어의 사회적 중요성이 늘어나면서 금융노년학은 계속 발전해 가고 있다.

미국금융노년전문가협회(AIFG)의 금융노년학 프로그램

🚬 신뢰가 핵심 포인트다

대부분의 시니어는 자신이 신뢰하는 기업들과 거래를 한다. 시니어 고객과의 신뢰관계 형성은 아무리 강조해도 지나치지 않는다. 관계를 통한 영업이란 시니어 고객과 서비스 사원이 둘 다 혜택을 얻는 윈윈win-win 관계를 말한다. 서비스 사원은 판매를 상담의 전부라고 생각하지 말고 관계를 형성하는 단계로서 이해해야 할 것이다. 오늘날의 시니어 고객은 수준 높은 서비스를 요구한다. 또, 믿을 만하고 자신의 니즈를 잘 이해해 주는 서비스 사원에게 상담받고 싶어 한다.

그렇다면 시니어 고객과의 신뢰관계를 어떻게 형성할 수 있을까? 다음과 같이 신뢰관계 형성 방법을 정리해 볼 수 있다.

기업을 자랑하라

시니어에게 믿음직한 이미지를 전달하는 것은 무엇보다 중요하다. 서비스 사원이 앞서 회사의 좋은 점을 이야기하면, 시니어 고객들은 믿을 만하다고 여기고 회사와 거래하고픈 마음이 들 것이다. 물론, 지나치거나 사실과 맞지 않는 자랑은 금물이다.

제품과 서비스를 잘 파악하라

서비스 사원은 자신이 판매하는 제품과 서비스에 대해 신뢰한다는 것을 시니어에게 보여 줄 필요가 있다. 또한, 판매하는 상품에 대해 철저하게 파악하고 시니어에게 쉽게 안내할 수 있어야 한다. 자신이 파는 물건에 대한 믿음과 지식이 없다면, 어떤 시니어 고객도 서비스를 신뢰하지 못할 것이다.

무리한 약속을 하지 마라

약속을 지키는 것이 무리하게 도움을 주는 것보다 훨씬 중요하다. 할 수 없는 요구를 받았을 때는 시니어 고객에게 솔직히 이야기를 하고 대신 제공할 수 있는 것들을 설명하라. 약속을 지키지 못하는 것보다 최선의 태도를 보이는 것이 시니어 고객과의 관계를 돈독하게 만들어 준다.

고객을 진심으로 돌보라

시니어 고객은 서비스 사원이 자신을 진심으로 대한다고 느낄 때 편안함을 느낀다. 시니어를 배려하고자 할 때에는 가식이 아닌 진심으로 그들을 대해야 한다. 시니어는 금세 서비스 사원의 진심을 알아보고 구매를 결정할 것이다.

고객의 니즈 충족에 초점을 맞춰라

시니어 고객의 니즈를 명확하게 파악해 놓으면, 그 고객이 원하는 것을 해결해 줄 수 있는지 없는지 알게 된다. 만약 시니어 고객의 니즈를 충족시키지 못한다 하더라도 그 고객에게 맞는 기업을 추천함으로써 고객과 신뢰관계를 형성할 수 있다.

고객과 관련된 다양한 정보를 수집하라

신뢰관계 형성의 목표는 단지 판매만이 아니다. 오랫동안 시니어 고객과의 관계를 유지하는 것이 진짜 목표다. 따라서 이를 위해 고객에 관한 다양한 정보를 모아 놓을 필요가 있다. 모아 둔 정보를 적절한 시기에 사용하면 시니어 고객의 서비스 사원 신뢰도는 점점 올라갈 것이다.

고객에게 집중하라

시니어 고객과 상담할 때 다른 일에는 신경 쓰지 않고 오직 그 고객에게만 집중한다면, 시니어 고객과의 신뢰관계를 형성할 수 있다. 또한, 시니어 고객의 말을 경청하고, 그들의 니즈를 이해하려는 모습을 보이면, 고객들은 사원이 진심으로 자신을 대한다는 것을 금방 알아챈다.

고객이 설명을 이해했는지 살펴보라

시니어 고객의 사소한 행동, 즉 몸짓이나 표정으로 많은 것을 알 수 있다. 특히 시니어 고객이 설명을 잘 듣고 이해했는지도 파악할 수 있다. 서비스 사원은 시니어 고객과 상담할 때 명확하고 천천히 말하여, 시니어 고객이 충분한 시간을 갖도록 해야 한다. 시니어 고객이 충분히 이해했는지는 그들의 행동으로 금방 알 수 있다. 아무리 시니어 고객과 친밀해졌다 해도 시니어가 판매 과정에 끼어들지 못한다면, 서비스 사원은 상품을 팔 수 없다.

다수의 고객들을 효과적으로 응대하라

서비스 사원에게는 동시에 여러 명을 상대할 수 있는 능력이 필요하다. 왜냐하면 시니어 고객은 아들, 딸, 배우자 등 가족과 함께 매장을 찾는 경우가 종종 있기 때문이다. 따라서 여러 고객을 일일이 응대하면서, 구매 결정권을 가진 시니어 고객에게 집중할 수 있어야 한다.

시니어에게 어필하는 상담 태도

시니어 고객에게 있어서 서비스 사원의 상담 태도는 특히 중요하다. 시니어는 자신의 경험을 토대로 서비스 사원에 대해 신속하게 평가를 내리는 경향이 있다. 따라서 서비스 사원의 사소한 태도 하나하나가 시니어 고객이 앞으로 계속 거래를 할지 안 할지를 결정하는 중요한 기준이 될 수 있다. 그렇다면 시니어 고객에게 매력적으로 어필할 수 있는 상담 태도는 무엇일까?

말하는 것보다 듣는 것이 중요하다

시니어 고객과의 친해지기 시작할 때 중요한 것은 바로 '편안한 분위기'이다. 따라서 시니어 고객이 편안함을 느낄 수 있도록 시니어의 이야기를 경청하여야 한다. 서비스 사원이 주도적으로 이야기를 하면 시니어는 자신이 배려받지 못한다고 생각해 오히려 불편함을 느낀다. 시니어 고객의 이야기를 듣고 이를 이해하려고 노력한다면, 그들은 금방 마음의 문을 열 것이다.

시니어 고객의 보디랭귀지를 이해하라

시니어 고객 상담의 관건은 시니어 고객의 공감을 얻을 수 있는가에 달려 있다. 시니어 고객이 공감하고 있는지를 알기 위한 유용한 방법 중 하나는 시니어 고객의 보디랭귀지를 이해하는 것이다. 보디랭귀지를 통해 고객이 서비스 사원의 상담 내용에 얼마만큼 집중하고 있는지를 알 수 있다.

밝고 예의 바른 태도를 보여라

시니어가 싫어하는 태도 중 하나는 어두운 표정과 활기 없는 응대이다. 시니어는 성공한 사람을 밝고 긍정적인 이미지로 인식하는 경우가 많다. 표정이 어둡고 행동이 활기차지 않으면 시니어 입장에서는 성공하지 못할, 즉 믿음직스럽지 못한 사람이라는 뜻이다. 따라서 서비스 사원이 알게 모르게 이미 부정적인 평가를 내리고 만다.

인내심을 가지고 응대하라

시니어는 무슨 일이든 급하게 하려 하지 않는다. 즉, 살까 말까 결정하기까지 어느 정도 시간이 걸린다. 충분히 비교·검토하여 납득할 수 있어야만 상품을 구입하는 것이다. 따라서 시니어 고객을 상대할 때에는 여유 있게 쇼핑할 수 있는 환경을 조성해 주는 것이 중요하다. 또한, 쇼핑 중에 상품 구매를 재촉하거나 지나치게 권유하지 말아야 한다. 천천히 구매 결정을 내리도록 유도하는 정도에 그쳐야 한다.

질문에 솔직하고 신속하게 대답하라

시니어 고객의 질문에 정확한 대답을 하기 힘든 경우, 어떻게든 대답해 주려 하지 말라. 대신 사정을 분명히 말하고, 질문에 대답할 수 있는 사람을 데려오거나 다른 곳에 문의하도록 유도해야 한다. 물론 시니어는 질문을 하고 빨리 대답해 주기를 바란다. 그러나 정직하지 못한 답변은 오히려 불신만 살 뿐이다. 한편, 답을 아는 질문이라면, 즉시 대답해야만 한다.

이성보다는 경험과 감성으로 접근하라

1분 전에 들은 숫자를 기억하지 못하는 80세 노인이 60년 전에 일어난 사건을 세세하게 기억하는 경우가 흔히 있다. 따라서 시니어 고객에게는 통계가 아니라, 경험에 상담의 초점을 맞춰야 한다. 팔려는 상품을 시니어의 좋았던 경험과 연결한다면 성공률을 높일 수 있다. 시니어는 구매 상담에 있어 자신의 경험에 의존하기 때문에 시각적이거나 상상력을 자극하는 등, 시니어의 경험을 바탕으로 한 상담 태도가 필요하다.

판매 후에도 성실한 태도를 보여라

상품 판매 후 시니어에게 구매 만족을 확인하는 전화를 해본 적이 있는가? 만일 해본다면 예상보다 반가워하는 반응에 놀랄 것이다. 시니어는 판매를 떠나 자신에게 성실하게 대하는 서비스 사원을 만나면 자신이 옳은 결정을 했다고 여기고 그 사원과 계속 거래하고자 한다.

고객 불만에 대해 세심하게 대처하라

시니어가 불만을 토로할 때는 다른 고객들보다 더 세심하게 신경을 써서 대처해야 한다. 시니어의 불만은 입소문을 통해 대단히 빠른 속도로 전파되기 때문이다. 하지만 시니어는 세심한 대처에 "사람인데 실수도 하는 법이죠"라며 금세 마음을 풀고 관용의 자세를 보이기도 한다. 즉, 제대로 대처하다면 실수를 눈감아 주는 것이다.

☆☆☆ 어느 볼링장의 특별한 교육 방법

다음은 시니어 고객 상담 응대로 유명한 일본의 어느 볼링장의 서비스 교육 내용이다.

◆ 상담 시, 농담이더라도 시니어 앞에서 경쟁업체의 서비스를 절대 비난하지 마라.

◆ 상담 시에는 항시 '조금 더'를 강조하여 시니어가 땡잡은 것처럼 느끼도록 하라.

◆ 시니어와 관련이 없는 업종이라도 찾아가 그곳의 서비스를 시험해 봐라. 단, 가볼 만한 가치가 있는지 없는지 구별할 수 있어야 한다.

◆ 상담은 젊은 사원뿐만 아니라, 시니어와 동년배 또는 비슷한 연령대의 사원을 통해서도 훌륭히 제공할 수 있다. 게다가 시니어 직원은 오피니언 리더 opinion leader(어떤 집단 내에서 타인의 사고방식, 태도 등에 강한 영향을 미치는 사람)로 기여할 가능성이 크다. 시니어 고객에게 입사 의욕을 자극할 만한 무언가를 제안해라.

◆ 시니어가 모이는 곳곳마다 여러 가지 형태의 파벌이 형성돼 갈수록 서로 간에 매너가 악화될 가능성이 크다. 취미 교실 등 커뮤니케이션의 장을 통해 이러한 파벌이 긍정적으로 조성될 수 있도록 만전을 기하라. 풍부한 경험을 가진 사원에게 파벌에 대응하도록 하라. 품행이 적절치 않은 회원의 경우, 신속하게 주의를 줘라.

◆ 어르신 등 고령자라는 의미를 내포하는 호칭들은 금물이다. 가장 편안한 그들의 이름을 사용하라.

◆ 시니어를 대할 때 절대 뒤에서 말을 걸면 안 된다. 반드시 시니어 앞쪽에서 말을 걸어라.

◆ 시니어와 상담 시, 제품 및 서비스 개발자로서 온라인·오프라인에 아이디

어를 내달라 부탁하라. 가능하다면 실행까지 부탁하면 좋다. 그러면 자신의 능력을 통해 나온 결과물에 기뻐할 것이다. 단, 크게 주의해야 할 점은 시니어에게 시간이 남아돌아 부탁하는 것이 아님을 반드시 인식시켜야 한다는 것이다.

◆ 고객 등급별로 서비스의 차이를 두어라.

◆ 인간적인 커뮤니케이션이 무엇보다도 중요하다. 그렇지만 적당한 거리를 유지해야 한다. 사생활을 너무 파고들어서는 안 된다.

6장

4단계
판매 후 관리

이번에는 기업의 제품이나 서비스 품질에 대한 시니어 고객의 신뢰도를 유지하고, 유대관계를 공고히 해나가는 단계이다. 시니어 고객의 충성도에 영향을 미치고, 그들의 입소문으로 다른 시니어 고객을 확보할 수 있는 중요한 단계라고 할 수 있다. 보통 기업은 판매 후 관리를 소홀히 하는 실수를 범할 때가 많다. 하지만 그 실수의 대상이 시니어 고객일 경우에는, 더욱더 상황이 나빠지므로 유의해야 한다. 여기서는 상품 판매 후 시니어 고객을 어떻게 관리를 할 것인가에 대한 제안을 정리해 보았다.

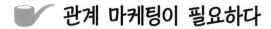

관계 마케팅이 필요하다

시니어 고객과 계속 거래할 수 있는지 여부는 상품 판매 전뿐 아니라, 판매 후 활동에도 달려 있다. 판매 후에도 시니어 고객을 관리해야 할 필요가 있는 것이다. 시니어 고객은 특정 기업과 거래한 후, 자신의 결정이 옳았음을 인정받고 싶어 한다. 서비스에 있어서도 마찬가지다. 따라서 시니어 고객에게 안정감을 주기 위한 방안으로 관계 마케팅Relationship Marketing 도입이 절실한 시점이다. 관계 마케팅이란 기업 또는 기업으로 대표되는 사원이 고객과 유대관계를 유지하며, 이를 통해 벌이는 마케팅 활동을 말한다.

시니어 고객을 통해 얻은 수익은 기업이 시니어 고객과의 거래를 통해 여러 가지 정보를 얻고, 그들과의 유대관계를 돈독히 한 결과물이라 할 수 있다. 특히 시니어 고객과의 돈독한 유대관계는 그 기업의 미래 가치를 결정한다. 관계 마케팅은 기존의 매스 마케팅mass marketing(불특정 다수를 상대로 하는 마케팅 활동)과는 다르게 고객과의 양방향 상호 작용을 중시한다. 관계 마케팅의 장점은 고객과의 유대관계가 지속되면 고객유지비용이 감소한다는 것이다.

기업은 시니어 고객과의 관계 평가 수단을 마련해 시니어 고객과의 관계의 강점이나 약점, 기회, 위협 요소 등을 체크해야 할 필요가 있다. 만약 시니어 고객과의 관계가 약화될 만한 징조가 보이면, 신속한 조치를 통해 그 관계를 되돌려놓아야 한다.

관계 마케팅의 주된 특징을 살펴보면 다음과 같다.

1. 관계 마케팅은 기업의 제품과 서비스보다 시니어 고객에게 초점을 맞춘다.

2. 관계 마케팅은 새로운 시니어 고객을 끌어들이기보다 기존 시니어 고객의 유지와 성장에 역점을 둔다.

3. 관계 마케팅은 기업이 시니어 고객에게 직접 말하기보다는 시니어 고객이 기업에게 말하는 바에 귀 기울이고 그 속에서 새로운 것을 배우도록 한다.

시니어 고객은 성급하게 명함을 교환하며 친해지기 위해 속도를 내지 않는다. 오히려 인간관계에서는 서두르지 않는 편이다. 따라서 시니어 고객과 가까워지기 위해서는 기업과 서비스 사원의 인내심과 지속적인 노력이 필요하다.

✩✩✩ 시니어에게는 집수리도 골칫거리

대부분의 시니어들은 은퇴 후 외출하는 경우가 줄어든다. 외출할 일이 적으면 자연스레 생활 정보를 얻을 기회도 줄어드는데, 이 때문에 곤란한 일이 발생하면 어디에 도움을 요청해야 할지 모르는 경우가 많다. 미국의 '미스터핸디맨Mr. Handyman'이라는 업체는 다음과 같은 수요 현상을 비즈니스 기회로 삼았다.

첫째, 노화로 인해 시니어가 일상생활에서 하기 힘든 일들이 늘어났다는 것이다. 둘째, 혼자 사는 시니어가 늘어났다는 것이다. 여기에 일반적으로 여자가 남자보다 오래 살면서 독신 시니어 여성이 증가한 것도 영향을 미쳤다. 셋째, 미국의 경우 주택이 중심가에서 멀리 떨어진 경우가 많다는 것이다. 즉, 수리가 필요할 때 바로 도움을 받기 힘들다.

미스터핸디맨은 주로 혼자 사는 시니어를 대상으로 한다. 잡역부를 의미하는 '핸디맨'에서 알 수 있듯 미스터핸디맨은 간단한 집수리 등 주로 시니어가 하기 힘든 집안일을 대신 해주는 서비스를 제공한다.

미스터핸디맨

미스터핸디맨은 예상 외로 큰 성과를 거두었다. 현재 미국과 캐나다에서 90개가 넘는 프랜차이즈를 운영하고 있으며, 미국의 창업 전문지《앙트레프레너 entrepreneur》의 톱 뉴 프랜차이즈Top New Franchise 부문에 당당히 이름을 올리기도 했다. 미스터핸디맨의 성공 요인을 살펴보면 다음과 같다.

첫째, 간단한 작업도 대행해 준다는 것이다. 이를 위해 미스터핸디맨은 작업 공구와 재료 등을 전용 밴에 싣고 넓은 지역을 다니며 서비스를 제공하고 있다. 둘째, 데이터베이스database(여러 가지 업무에 공동으로 쓰일 데이터를 통합하여 저장한 집합체)를 활용하여 지역 마케팅 시스템을 실시했다는 점이다. 즉, 한 지역 내의 의뢰 사항을 분석한 것인데, 보통 한 지역에서 들어오는 의뢰가 비슷한 경우가 많다는 점에서 착안한 것이다. 분석 결과를 근거로 작업에 필요한 담당자를 정하고, 업무량을 분배하였다.

또한, 미스터핸디맨은 서비스 차원에서도 이전의 동종 업자와 차별화된 점들을 내세웠다.

첫째, 작업 관련 사항들을 표준화하고, 질 높은 작업 서비스와 투명한 요금을 제공하였다.

둘째, 각종 작업 공구가 완비된 전용 밴과 데이터베이스를 통해 넓은 지역의 의뢰에 효과적으로 대응하였다.

셋째, 미국에서는 드물게 프랜차이즈마다 공동 유니폼을 도입하여 사람들에게 체계적이고 품질 관리를 꾸준히 한다는 인상을 심어 주었다.

넷째, 친절한 상담 서비스를 통해 한번 인연을 맺은 고객을 단골 고객으로 만들었다.

미스터핸디맨은 이러한 원칙 외에도 의뢰한 것 이외의 잡일을 하나 도와주거나 시니어의 말상대가 되어 주는 등, 친절한 서비스로 고객과 신뢰관계를 형성하였다. 때문에 한번 마음을 연 고객은 부담 없이 미스터핸디맨을 또 부를 수 있었던 것이다. 또한 이를 통해 새로운 제품과 서비스에 경계심이 강한 시니어의 마음에도 들 수 있었다.

시니어 고객과의 관계 강화를 위한 원칙

시니어 고객과의 관계를 강화하기 위한 몇 가지 원칙들은 다음과 같다.

시니어 고객에 진지하게 응대하라

기업들은 왜 다른 고객들에게는 진지하게 응대하면서 시니어 고객에게는 그렇지 않은 걸까? 시니어 고객들은 응대를 받을 때 아래와 같은 불만을 자주 느낀다고 한다.

- 나도 고객인데 진지하게 대접받지 못하는 것 같다.
- 나의 관심사를 전혀 고려하지 않는 것 같다.
- 고객 응대 방법이나 상담, 근무 시간 등 고객 서비스가 마음에 들지 않는다.

고객과의 관계를 이야기하기에 앞서 시니어 고객을 중요하게 여기는 마음 자세를 먼저 갖춰야 할 것이다.

시니어 고객을 다른 세대와 차별하지 마라

시니어 고객은 적극적이고 활동적이다. 또한, 다른 세대와 함께 있는 것을 선호한다. 이를 반영하여 기업에서는 시니어와 다른 세대가 함께 어울릴 수 있는 공간을 제공할 필요가 있다. 서비스 공간에서 시니어 고객만의 공간이나 시니어 고객 전담 사원을 따로 두는 것은 오히려 시니어 고객 입장에서는 차별로 느낄 수 있다. 이러한 사항을 유념해 둬야 할 것이다.

시니어 고객은 한 분야의 전문가이다

시니어 고객은 도와주어야 하는 수동적인 존재가 아니다. 시니어 고객은 오랫동안 쌓인 경험을 바탕으로 어느 한 분야의 전문가이다. 따라서 시니어 고객은, 자신이 사려는 상품에 대해 자세한 정보를 원하며, 자신이 원하는 것에 대해 정확히 알고 요구한다. 따라서 시니어의 능력을 인정해 주고, 능동적으로 선택할 수 있게끔 돕는 서비스 사원만이 성공할 수 있다.

시니어 고객이 원하는 것을 정확히 파악하라

시니어 고객이 원하는 것이 무엇인지 알기 위해서 시니어의 가치관, 경험, 욕구 등을 이해하지 않으면 안 된다. 시니어 고객의 옛 추억을 떠올리게 하는 것도 좋은 접근 방법이다. 주로 어린 시절을 잘 기억하는 편인데, 때문에 어린 시절의 향수를 자극할 만한 상담을 진행하는 것이 좋다. 또한, 뒤에서 말하겠지만 시니어 고객은 가족을 삶의 중심에 두므로 이를 반영하여 상담에 활용하여야 한다.

시니어 고객의 제일 관심사는 건강과 안녕이다

시니어 고객만큼 건강과 안녕에 신경 쓰는 사람이 있을까? 시니어 고객과 상담할 때 이러한 관심사를 묻는 것만으로도 좋은 신뢰관계를 형성할 수 있다. 시니어 고객이 서비스 사원에게서 자신을 걱정해 준다는 느낌을 받는다면, 시니어 고객은 기업이나 서비스 사원을 편하게 대할 수 있을 것이다.

시니어 고객은 인생을 즐기고 싶어 한다

미국의 오토바이 브랜드인 '할리데이비슨Harley-Davidson'은 시니어 고객을 유혹하는 방법을 누구보다 잘 알았다. 시니어 고객이 오랫동안 가슴속에 품어 왔던 꿈을 자극하는 방법이 바로 그것이다. 치열하게 살아왔던 시니어는 노후를 맞은 후에 즐겁게 살아 보고 싶은 욕망이 커진다. 기업과 서비스 사원은 이러한 시니어 고객의 니즈를 잘 활용해야 한다. 시니어 고객을 응대하는 것뿐만이 아니다. 고객이 기다리는 공간을 디자인하는 데에도, 그리고 시니어 고객을 위한 이벤트나 사은품을 선정할 때에도 즐거움을 전달하기 위해 신경 써야할 것이다.

시니어 고객은 손주 중심이다

현재 한국의 조부모가 손주에게 쓰는 돈이 점점 증가하고 있다고 한다. 선물뿐 아니라, 학비나 레저 비용의 일부를 대는 조부모도 많으며, 손주를 위해 저축을 하거나 보험을 든 조부모도 증가하는 추세다. 이는 다른 세대에 비해 자산이 많은 시니어 고객의 경제력과 저출산으로 인해 손주가 몇 명 되지 않는 상황이 맞물려 나타난 현상이다. 따라서 시니어 고객이 만족할 만한 손주 관련 상품을 내놓는 것도 좋은 방법이 될 수 있다.

★★★ 사람을 사귀기 위해 여행을 떠나는 시니어들

일본 단카이 세대의 자아실현 활동에 있어 가장 니즈가 높은 것은 단연 여행이다. 여행 시장은 '어디에 가느냐', '무엇을 보느냐'라는 징소 중심 주제뿐 아니라, '누구와 함께 가느냐', '어떠한 체험을 하느냐'라는 인간관계 중심 주제로도 부가가치를 낼 수 있다.

시니어들은 퇴직 후 생활의 질을 결정하는 것이 경제력이나 취미뿐 아니라, 부부나 새로운 친구와의 관계 등 인간관계도 포함된다는 것을 알고 있다. 또한 회사원이었을 때 만났던 사람들과는 다른 친구들을 만나고 싶은 의식이 단카이 세대 사이에서 높아지고 있다.

이러한 시대 흐름을 먼저 파악해 급성장하고 있는 여행회사로 '클럽투어리즘 club tourism'이 있다. 클럽투어리즘은 긴키닛폰투어리스트KNT의 클럽투어리즘 사업본부가 시니어 계층을 겨냥해 만든 사업으로, 일본 단카이 세대 사이에서는 클럽투어리즘을 이용하면 새로운 친구를 만날 수 있다고 여길 만큼 호응이 높다. 클럽투어리즘의 성공 비결은 과연 무엇일까?

첫째, 긴키닛폰투어리스트의 여행 상품을 이용한 고객의 데이터베이스를 별도로 정리했다. 한번 상품을 이용했던 시니어 고객을 다시 끌어모으기 위해서이다. 이러한 전략은 현재 클럽투어리즘 사업의 발판이 되었다.

둘째, 데이터베이스에 등록된 시니어 고객에게 '여행의 벗'을 무료로 배포했다. '여행의 벗'이란 B5판 크기의 200쪽 정도 되는 여행 카탈로그로서 현재 월 1회 390만여 세대에 배포되고 있다. 이 '여행의 벗'에는 통상적인 여행 상품뿐 아니라, 마음 여행, 산책 등 테마별 여행 정보가 실려 있다. '여행의 벗'은 현재 여행 정보지 형식의 카탈로그로 발전되었고, 타깃을 좁혀 시니어 고객의 관심을 끌 만한 내용을 주로 싣고 있다. 이로 인해 단순한 패키지형 여행에 만족했던 시니어 고객의 관심을 끌고 있다고 한다.

셋째, 여행과 클럽활동을 통합한 비즈니스 모델이다. 이러한 비즈니스 모델은 시니어의 주요 여행 목적, 즉 사람을 사귀는 것에 대한 니즈를 만족시킨다. 관광 장소보다는 관광 활동에 초점을 둠으로서 여행에서 친구와의 관계를 돈독히 할 수 있는 것이다. 현재 300개 이상의 클럽이 운영되고 있는데, 클럽투어리즘은 이러한 클럽을 1000개까지 늘릴 계획이다.

넷째, 프렌들리 스태프friendly staff라는 클럽 도우미이다. 프렌들리 스태프는 클럽에서 기획하고 있는 여행지의 정보를 제공하고, 숙박업소에 관해 조언을 한다. 즉, 클럽 멤버로서 새로운 여행 기획을 만들어 내는 촉매제 역할을 하는 것이다. 현재 약 900명인 프렌들리 스태프의 대부분은 이 회사의 계약사원이다. 최근에는 펠로우 프렌들리 스태프fellow friendly staff로 불리는 스태프도 늘어나고 있다. 이 스태프는 클럽투어리즘에 참가했던 50~60대로 구성되어 있다. 펠로우 프렌들리 스태프들은 "사람과 만나는 것이 즐겁다", "책임을 지고 일하는 것에서 삶의 보람을 느낀다"라며 긍정적인 반응을 보였다.

다섯째, 닛코코디알증권Nikko Cordial Securities과 제휴하여 자산 운용 서비스를 제공하기 시작했다. 타사와의 차별화를 시도한 것이다. 시니어 계층은 투자에 관심이 높은 데다 금융 관련 정보 서비스에 목말라하고 있다. 클럽투어리즘은 이를 비즈니스 기회로 삼아 증권 중개업 등록을 할 만큼 해당 사업을 낙관적으로 보고 있다.

이처럼 시니어를 대상으로 하는 종래의 관광산업에서 인간관계 디자인산업으로 여행 시장의 인식을 전환한다면, 큰 성장 가능성을 확보할 수 있을 것이다.

🚬 좋은 입소문이 나는 법

기업의 광고에서든 세일즈 담당자에게서든 아무리 상품의 장점을 시니어 고객에게 열심히 설명한다 하더라도, 그들에게는 상품을 써 본 친구나 지인 또는 기업과 연관성이 없는 전문가의 이야기만큼 설득력을 가지지 못한다. 시니어 고객은 상품에 관한 정보를 탐색할 때 주로 구전 정보, 즉 입소문에 많이 의존하는 편이다. 어떤 이유에서일까?

첫째, 매스미디어와 같은 광고 매체는 기업의 상품에 대해 일방적으로 긍정적인 정보만을 제공할 뿐, 시니어에게 있어 중요한 체험담에 대해서는 많은 정보를 주지 못한다.

둘째, 상담을 할 때 서비스 사원에게서 자신이 소속된 기업의 상품에 대한 객관적인 평가를 듣기 힘들다.

셋째, 시니어 고객이 상품 구매 전에 구할 수 있는 정보가 그리 많지 않다. 따라서 구매 시 느끼는 위험부담이 높아지고, 이를 줄이고 간단히 구매 의사결정을 내리기 위해 유경험자의 의견에 귀 기울인다.

기업은 시장에 시니어 대상으로 신제품을 내놓을 때 오피니언 리더의 좋은 입소문이 널리 퍼지기를 바란다. 그러나 실제로 전문가나 기존 시니어 고객을 활용해 새로운 시니어 고객을 끌어들이는 방법을 잘 실천하고 있는 기업은 많지 않다.

우선 기업은 입소문 마케팅의 중요성을 깨달아야 한다. 이후 상품을 초기에 구매한 시니어 고객 중에서 호기심이 많고 이야기하기 좋아하며, 또 인간관계가 넓은 사람들을 파악해 두어야 한다. 만약 기업의 신제품이 입소문을 잘 내는 시니어 고객의 관심을 끌면, 그 뒤에는 요청하지 않고도, 즉 홍보비를 주지 않아도 해당 시니어 고객은 마케팅 활동에 적극적으로 협조한다. 블로그나 트위터, 인터넷 커뮤니티 같이 인터넷에서의 소통의 장이 활발해지면서 요즘에는 시니어 고객이 스스로 모여서 이야기하는 경우가 늘어나고 있다. 입소문으로 상품의 좋고 나쁨을 알 수 있게 된 요즘, 이제 시니어는 더이상 광고에 전적으로 의존하지 않을 것이다.

좋은 입소문을 내줄 시니어 고객을 만들어 내려면 그들에게 차별화된 대우를 제공해 줘야 한다. 수익성이 있는 시니어 고객과 그렇지 않은 시니어 고객을 구별해서 대응하지 않으면 안 된다. 시니어 마케팅을 잘하려면 자사의 상품으로 가장 많은 도움을 얻을 시니어 고객 유형을 미리 그려 보고 접근해야 할 것이다.

일부 기업은 시니어 고객의 충성도를 물질적 보상만으로 확보할 수 있다고 믿는다. 하지만 큰 성과를 얻지 못하는 경우도 있다. 시니어 고객이 구매를 결정할 때 어느 정도 인센티브는 되겠지만, 기업과 시니어 고객 간의 유대관계를 만들기에는 부족하기 때문이다. 따라서 기업은 물질적 보상 외에도 우대받는다는 느낌이 들도록 심리적 만족감을 제공해야 한다.

시니어 고객이 충성도를 갖게 되면, 주변의 잠재 고객에게 기업을

시니어 마케팅의 힘

소개하게 된다. 또한, 자녀에게도 자신과 같은 서비스를 이용하기를 권유한다. 이렇듯 시니어 고객의 충성도를 통해 고객층을 확장해 나가는 것이야말로 지속적인 시니어 고객 확보와 수익을 가능케 하는 전략임과 동시에 시니어 마케팅의 궁극적인 목표라고 할 수 있다.

☆☆☆ 운동하지 않았던 사람도 운동하게 만든 커브스

미국에는 현재 약 1만 800개의 피트니스클럽이 있다. 그중 30% 정도에 해당하는 5400개가 '커브스curves'다. 커브스란 30분 내의 짧은 시간에 운동할 수 있는 여성 전용 피트니스클럽을 말한다. 2003년 회사명을 변경하기 전까지는 '커브스 포 우먼curves for woman'이라는 이름으로 운영되었다. 현재 전 세계적으로는 약 7000개가 넘는 커브스가 운영되고 있다.

커브스 고객의 평균 연령은 50세이다. 고객들 가운데에는 100세 이상인 사람들도 있어 기존 피트니스클럽들의 평균 연령이 25세인 점과 사뭇 대조적이다. 주목해야 할 점은 커브스의 고객 대부분이 이전까지 피트니스클럽에 다닌 적이 없다는 것이다. 또한, 회원의 약 30%가 직장인 여성으로 출근 전이나 퇴근 후에 피트니스클럽을 찾는다는 점도 커브스와 기존 피트니스클럽의 차이점 중 하나다.

그렇다면 커브스는 어떻게 중장년층 여성들의 마음을 사로잡았을까?

1. 여성 전용으로 여성 고객이 마음 편히 운동할 수 있다.
2. '퀵 피트Quick Fit'라는 독자적으로 개발한 운동 기구를 통해 편리하게 운동할 수 있다.
3. 30분 내로 모든 운동을 끝낼 수 있도록 프로그램이 구성되어 있다.
4. 기존 피트니스클럽에 비해 가격이 저렴하다.
5. 소그룹 형태로 사람들과 어울리며 함께 운동할 수 있다.

커브스의 성공 비결은 이처럼 즐겁고 편하며 사람들과 함께하는 운동이라는 사업 전략을 택한 데에 있다. 사소해 보일 수 있는 아이디어에 주목하고 차별화를 꾀한 것이 성공 비결인 셈이다.

시니어 뒤에는 가족이 있다

앞서 언급했듯이 어느 한 유명 백화점 카드 회원 중 60대 이상 고객의 아동용품 관련 지출이 3년 전보다 52.3% 늘었다는 점은 시사하는 바가 크다. 손주에 대한 시니어의 관심은 비단 손주만이 아니라, 손주의 부모인 자녀에 대한 관심이기도 하다. 따라서 시니어 차원의 마케팅뿐 아니라, 시니어 가족에 대한 세대 마케팅이 함께 이뤄져야 한다.

시니어 마케팅에 있어 세대 마케팅이 중요한 이유는 두 가지로 요약할 수 있다.

첫째, 시니어 고객에게 있어서 가족은 매우 중요하다. 시니어 고객은 다른 부모와 마찬가지로 자녀 또는 손주가 성공하기를 바란다. 가족을 위해서라면 어떤 도움도 제공할 준비가 되어 있는 사람이 바로 시니어 고객이다. 자녀를 돕는 서비스를 제공하는 기업에게 더욱 친근감을 느낄 수밖에 없다.

둘째, 기업에 있어서 세대에 걸친 고객 기반을 확보할 수 있다. 시니어 고객의 자녀 또는 손주는 미래의 주요 고객이 될 수 있다. 시니어 고객의 자산이 자녀 세대에까지 이어지기 때문이다.

세대 마케팅이 가장 활발한 분야 중 하나는 금융업이다. 금융회사의 PBPrivate Banking(거액 예금자를 상대로 하는 은행의 컨설팅 방법) 고객 당사자나 배우자에게 국한됐던 서비스가 고객의 자녀에게까지 확산되는 추세다. 금융회사가 자녀 세대까지 신경 쓰는 이유는 명확하다. 세대에 걸쳐 고객 기반을 다지기 위해서다. 사전에 자녀 세대에 대한 세대 마케팅을 잘 실시해 놓지 않으면 부모 세대인 시니어 고객의 자산이 자녀에게 이전될 경우 부모가 거래하던 금융회사에 충성도가 없는 자녀들이 자산을 모두 인출할 가능성이 높다.

세대 마케팅은 어떻게 실행할 수 있을까? 다음 방법들을 참고하길 바란다.

부모와 같은 기업을 이용하면 얻을 수 있는 혜택을 명확히 제시한다

자녀 세대에게 부모 세대와 동일한 기업의 상품을 이용하면 얻을 수 있는 혜택, 즉 가족 할인이나 우대 서비스 등을 알려야 한다. 이를 통한 지속적이고 효과적인 커뮤니케이션이야말로 세대 마케팅의 성공 가능성을 높이는 길이다.

시니어 자녀 대상 서비스 프로그램을 마련한다

시니어 자녀를 대상으로 하는 서비스 프로그램은 자녀의 연령대에 따라 차별화되어야 한다. 자녀가 성인으로서 배우자를 찾고 있는 경우, 커플 매칭 서비스를 제공하는 것도 좋다. 시니어 고객의 자녀가 취업 준비 중일 경우, 인턴사원의 기회를 부여하는 기업도 있다. 자녀가 학생일 경우 교육 전문 기업과의 제휴를 통한 온라인 학습 교육 서비스, 경제교육 프로그램을 제공하는 것도 좋은 방법이다.

가족 전체를 한 단위로 하여 마케팅 활동을 실시한다

세대 마케팅을 강화하기 위해서는 가족 구성원을 한 단위로 하는 마케팅 방법이 필요하다. 즉, 시니어 고객의 가족 구성이나 성별 또는 거래 이력 등 시니어 고객 관리에 기록된 데이터를 통해 가족 구성원의 나이에 맞춘 상품을 제공하는 것이다. 동시에 시니어 고객 가족 전체를 대상으로 하는 이벤트나 세미나 등을 열어 시니어 고객과 자녀 고객 모두에게 친근성을 높이는 방안도 필요하다.

★★★ 손주와 함께 하고픈 마음을 공략하다

소니컴퓨터엔터테인먼트Sony Computer Entertainment[현재 소니인터랙티브엔터테인먼트(Sony Interactive Entertainment)]에서는 2003년부터 시니어를 대상으로 '형, 게임해요'라는 텔레비전 게임 강좌를 문화센터 등에서 비정기적으로 개최하고 있다.

이 강좌는 소니의 제품인 '플레이스테이션 2Playstation 2'의 전원 입력 과정부터 컨트롤러를 쥐는 방법, 게임의 종류, 조작 방법 등을 90분에 걸쳐 해설과 실제 체험을 통해 진행한다. 게임에 필요한 기초를 알기 쉽게 기록한 특수 텍스트를 사용하며 동년배 강사와 보조원이 일대일로 곁에서 도와주기 때문에 시니어 가운데 특히 텔레비전 게임 미경험자와 초보자로부터 많은 호응을 얻고 있다.

'형, 게임해요'는 단순한 시니어 대상 강좌가 아니라, 시니어와 손주 사이를 키워드로 삼은 대표적인 세대 마케팅 사례이다. 온라인 게임 시장은 최근 유망한 시장으로서 부각되고 있다. 그러나 문제는 소프트웨어 구입비용과 매월 내야 하는 회비 등 경비가 필요하다는 데 있다. 다시 말해 지금까지의 주된 고객층이었던 아이들의 구매력으로는 보급 활성화에 한계가 있을 수밖에 없다. 따라서 기존의 소비 주체를 필히 바꿔야 하는 소니 입장에서 '형, 게임해요' 강좌는 오늘날 주요 소비 주체로 떠오른 시니어를 공략하는 전략이었던 셈이다.

최근 일본에서는 손주에 대한 짝사랑이 함께 즐거움을 공유하는 관계로 변해가고 있다. 이러한 관계의 변화 속에 텔레비전 게임 강좌 '형, 게임해요'가 있다. 손주와의 커뮤니케이션에 플레이스테이션 2의 게임만큼 확실한 것은 없기 때문이다. 일본의 할아버지, 할머니들은 단순히 돕는 것을 넘어서 손주와 함께 즐겁게 지내는 것이 더 깊은 애정을 보이는 방법이라고 생각한다.

PART
3

시니어 마케팅의
이슈와 실행 전략

시니어 마케팅 전략에 있어 큰 영향을 주는 두 가지 이슈가 있다. 첫째는 시니어 고객 확보라는 공동의 목표 아래 서로 다른 업종의 기업들이 협력을 통해 시너지 효과를 추구하는 '제휴 마케팅'이다. 둘째는 스마트폰으로 대표되는 모바일 혁명을 반영한 새로운 시니어 마케팅 전략인 '모바일 마케팅'이다. 이러한 이슈와 아울러 시니어 마케팅을 어떻게 하면 기업에 성공적으로 적용할 수 있을지에 대한 시니어 마케팅 실행 전략도 함께 검토해 보았다.

7장

제휴 마케팅

경쟁자는 생각하지 않은 곳에 있을 수 있다. 여행업계 관계자의 말에 따르면, 여행업계에서는 동종 업계보다 시니어 고객의 마음을 사로잡는 엔터테인먼트 및 취미와 관련된 비즈니스 업체에 더 주목하고 있다고 한다. 그러나 시니어 고객을 두고 경쟁하는 기업들을 단지 적군으로만 봐서는 안 된다. 경쟁 기업과의 협력을 통해 원원의 결과를 가져올 수 있는 시장이 바로 시니어 시장이기 때문이다. 이 장에서는 시니어 마케팅의 핵심 미래 전략 중 하나인 '제휴 마케팅'에 대해 이야기하고자 한다.

시니어 시장은 경계 없는 전쟁터다

"시니어용 운동화의 경쟁자는 전자오락기다?" 언뜻 듣기에는 이해되지 않는 말이다. 하지만 시니어 고객을 대상으로 한 기업 간의 경쟁이 꼭 동종 업계로만 제한되지는 않는다. 즉, 이 말은 타 업종 간에도 시니어 고객을 대상으로 경쟁이 벌어지는 현재 상황을 반영한 것이다.

기존에 시니어에게 여가 시간에 하는 간단한 운동이란 운동화를 신고 야외에 나가 몸을 움직이는 것이었다. 하지만 일본의 닌텐도 Nintendo사에서 '위WII'라는 전자오락기를 출시한 이후, 시니어의 운동 패턴에 변화가 일어났다. 꼭 운동화를 신고 야외에 나가지 않더라도 '위'를 가지고 실내에서 체조나 가벼운 운동을 할 수 있게 된 것이다. 치매 예방에도 도움이 된다는 입소문이 퍼지면서 닌텐도에서 개발한 이 전자오락기는 시니어 사이에서 선풍적인 인기를 끌었다. 즉, 그전까지 경쟁관계가 아니었던 운동화와 전자오락기가 시니어 시장에서 서로 경쟁자가 된 것이다.

시니어 시장을 타깃으로 하는 기업들은 더 이상 같은 업종 안에서만 경쟁할 것이 아니라, 업종의 경계를 넘어 생각을 전환해야만 살아남을 수 있다. 상품의 시장점유율은 분명 유용한 사업 평가 도구이기는 하지만, 시니어 시장에서의 영향력 측정에 있어서는 한계점을 가진다. 시니어 시장의 무한 경쟁 상황을 고려해 본다면, 타 업종 간의 제휴 마케팅은 매우 중요하다 할 수 있다. 즉, '시니어 고객의 시간과 돈을 점유한다'라는 공통된 목표하에 다른 업종의 기업과도 유연하게 협력할 수 있어야 하는 것이다. 광고, 판촉 활동, 그리고 유통채널 등 다양한 경로를 통해서 협력한다면 윈윈 효과를 불러올 수 있다. 제휴 마케팅이 시니어 마케팅을 추구하는 기업들의 미래 전략으로 부각되는 이유가 바로 여기에 있다.

☆☆☆ 비금융회사의 금융 서비스업 진출

몇 년 사이 일본에서는 금융업을 하지 않던 회사들이 시니어를 대상으로 하는 금융 서비스 분야에 뛰어드는 현상이 일어나고 있다. 일본의 정보 제공 사이트 '올 어바웃All About'은 2007년 2월에 '올 어바웃 파이낸셜 서비스All About financial service'를 설립하여 증권 중개업을 시작으로 각종 금융 서비스 사업을 전개하였다. 현재 개인 자산 운용 지원을 목적으로 시니어 고객 개개인에 맞는 금융 상품을 찾아주는 비즈니스도 실행되고 있다. 시니어 고객에게 수많은 금융 상품 속에서 최적의 금융 상품을 찾기란 쉽지 않다. 때문에 시니어 고객을 대상으로 하는 금융 상품 상담에 관해서는 충분한 니즈가 존재한다.

제휴 전략이 곧 생존 전략이다

　시니어 고객을 대상으로 한 제휴 전략이란 타 기업과의 협력을 통해 시니어 고객과의 새로운 접촉 기회를 만드는 전략을 의미한다. 기업은 시니어 고객을 타깃으로 한 다른 업종과의 제휴를 통해 고객 접촉과 마케팅의 기회를 최대한 늘릴 수 있다. 앞으로는 시니어 고객이 일상적으로 들리는 모든 점포가 시니어 마케팅을 실시하려는 기업의 제휴 대상이 될 것이다(부유한 고객이 즐겨 방문하는 점포라면 더욱 그럴 가능성이 높을 것이다).

제휴 마케팅의 중요성

　제휴 마케팅의 기본은 고객과의 접점에서 또 다른 접점을 개발하는 것이다. 고객과의 접촉은 새로운 비즈니스를 만들 수 있는 기회를 의미한다. 시니어를 위한 서비스나 프로그램 등 제휴의 기회는 많다. 다음은 잠재적인 가능성이 있는 제휴 분야이다.

- 법률 서비스 (변호사)
- 금융 서비스 (재정설계사, 보험설계사, 회계사, 은행신탁직원, PB)
- 의료 서비스 (의사, 간호사, 재택 간호사, 건강관리 기업)
- 주거 서비스 (집 개선·수리 기업, 집 유지 서비스, 집 관리 서비스)

- 이동 및 관리 서비스 (시니어 이동 서비스, 시니어 주간 관리 서비스, 가사 서비스)

이러한 제휴는 시니어 관련 상품, 프로그램, 서비스를 소개할 수 있는 훌륭한 기회로 발전시킬 수 있다. 시니어를 대상으로 하는 분야가 건강과 관련된 것이든, 소매업이든, 상품 또는 서비스이든 판매의 원칙은 본질적으로 같다. 추가 상품을 파는 것이야말로 기업의 마케팅 능력에 있어 새로운 도전 과제가 될 것이다.

제휴 전략을 성공적으로 실행하기 위한 선결 요소는 무엇일까?

첫째, 기업의 전폭적인 관심과 지지가 필요하다

성공적인 제휴는 조직의 경영진부터 서비스 사원에 이르기까지 기업 전반에서 실행되어야만 가능하다. 이를 위해서는 기업 차원의 전폭적인 관심과 지지가 필요하다.

둘째, 시스템과 프로세스가 제대로 갖춰져야 한다

제휴를 구조화·서류화하지 않고, 모니터링도 거치지 않으면 그 제휴에서는 충분한 효과를 얻을 수 없다. 제휴 시스템을 갖추고, 그 프로세스를 규정해 놓아야만 기업의 마케팅이 빛을 발할 수 있다.

셋째, 시니어와의 연결 통로를 확보해야 한다

제휴를 구성하려면 우선 시니어와의 연결 통로를 확보해야 한다. 일상에서 주로 찾는 편의점, 슈퍼, 주유소, 약국 등을 시니어 대상

상품을 판매하는 통로로써 확보할 수 있다면, 다른 경쟁사보다 유리한 입장에 설 수 있다.

넷째, 시니어 고객 대상 커뮤니케이션 교육을 실시해야 한다

시니어 고객에게 상품을 제공할 때, 사전 커뮤니케이션이 없다면 시니어 고객의 반발을 살 수 있다. 이때 필요한 것이 적절한 교육 프로그램의 제공이다. 상품에 대해 친절하게 설명할 수 있다면 시니어 고객과의 유대관계를 강화할 뿐만 아니라 긍정적인 호응을 얻어 낼 수 있다.

다섯째, 기업 간 강점을 서로 배워야 한다

제휴 전략으로 기업 모두 성장하려면 기업 간 강점을 서로 배울 수 있어야 한다. 예를 들어 제조업과 유통업의 경우, 제조업에서는 유통업의 가격 경쟁, 고객 의견 수렴, 구매 행동 분석, 점포 디자인, 다양한 제품 구성, 서비스 등을 통한 경쟁우위 확보 등을 배울 수 있다. 유통업에서는 제조업의 상품 제작, 마케팅 능력, 시장조사 능력 등을 배울 수 있다.

타 업종과의 제휴를 통해 시니어 마케팅은 새로운 영역에 진출할 수 있다. 일단 기업이 시니어를 대상으로 한 제휴 마케팅의 결실을 조금이라도 맛본다면, 그 기업은 제휴 마케팅을 더욱 발전시킬 수 있는 계기를 갖게 될 것이고 타 기업과의 경쟁에서 앞서 나갈 것이다.

☆☆☆ 일본의 다양한 시니어 멤버십 프로그램

 일본의 금융기관들은 시니어 고객을 대상으로 여러 노력을 기울이고 있다. 그중 대형 은행에서는 개인이 자산 운용을 상담할 수 있는 지점을 늘리기 시작했다. 60대 이상에게 제공했던 주식 수수료에 대한 시니어 할인을 50대까지 확대하기도 했다.

 한편, 단카이 및 시니어 세대를 위한 멤버십 프로그램을 강화하는 움직임도 있다. 대표적인 예로 미쓰비시UFJ증권Mitsubishi UFJ Securities의 '단카이 클럽', 미쓰이스미토모은행Sumitomo Mitsui Banking의 '원즈 넥스트 클럽 피프티스One's next Club 50s'가 있다.

 서비스 확대를 위한 제휴 현상도 나타나고 있다. 미쓰비시UFJ신탁은행는 다른 증권사와 회원 서비스 강화를 목적으로 협력 관계를 맺었다. 또한, 미쓰비시UFJ파이낸셜 그룹은 JR동일본의 '어른의 휴일 클럽(JR동일본의 일본 최대 시니어 멤버십 프로그램)'과 제휴를 맺었다.

자연스러운 통합이 해답이다

　자동차를 구입하면서 자연스럽게 금융회사의 대출과 신용카드를 신청한 적이 있는가? 쇼핑을 하다가 돈이 부족해서 쇼핑몰 안의 ATM기기를 이용한 적이 있는가? 이처럼 시니어 고객을 대상으로 성공적인 제휴 마케팅을 추진하려면, 시니어의 소비활동에 자연스럽게 녹아드는 전략을 세워야 한다.

　한곳에서 모든 것을 해결할 수 있는 '원 스톱 서비스one stop service'에 대한 시니어 고객의 니즈는 젊은 고객보다 강한 편이다. 시니어는 여러 가지 소비활동을 한곳에서 한 번에 처리하기를 원한다. 바로 이러한 시니어의 니즈를 충족시킬 수 있는 것이 기업 간의 제휴 마케팅이다. 이때 시니어 고객에게 얼마만큼 자연스러운 통합 상품을 제시하여 불편을 최소화하느냐에 따라 마케팅의 성패가 갈린다. 만약 시니어 고객이 제휴 마케팅을 통한 기업의 상품을 이용할 때, 불편함과 불친절함을 느낀다면 오히려 고객을 잃을 수 있다.

　기업이 자연스러운 통합의 마케팅을 제시할 때 얻을 수 있는 이점은 크게 두 가지로 정리해 볼 수 있다. 첫째는 실질적으로 편리하다는 것이다. 특히 시니어 고객에게는 적정한 제품과 서비스를 찾는 수고를 덜 수 있기 때문에 더 큰 매력으로 다가온다. 둘째는 시니어 고객에게 친근하게 다가갈 수 있다는 것이다. 예를 들면 슈퍼마켓 내에 있는 은행 지점이나 쇼핑몰 내에 위치한 증권 지점에서 첫 거래를 할 경우, 시니어는 그동안 멀게만 느껴졌던 금융 투자를 친근하게 대할 수 있다.

자연스러운 통합을 위해 고려해야 할 사항은 다음과 같다.

친근한 브랜드

먼저 시니어가 통합된 상품을 알기 쉽게 부를 수 있는 브랜드 이름이 필요하다. 상품을 설명하는 데 있어 브랜드 이름이 어렵다면, 편하게 이용할 수 있다는 이미지와는 거리가 멀어지는 것이다. 브랜드 이름만으로도 통합되어 편리하다는 이미지를 전달할 수 있어야 한다.

단순한 상품 구성

통합된 상품의 구성은 최대한 단순해야 한다. 두 가지 중요한 이유 때문인데, 첫째는 기업의 입장에서 제품과 서비스가 단순할수록 품질관리가 용이하고 경비 절감을 꾀할 수 있기 때문이다. 또한, 신속 정확하게 제공되어야 요즘 시니어의 만족을 얻을 수 있다. 둘째는 시니어 고객의 입장에서 사용하기 편하기 때문이다. 통합 상품에 대한 설명을 듣고 선택하기까지 많은 시간이 소요된다면, 시니어에게 결코 매력적일 수 없다.

높은 접근성

해외 금융 기업의 경우 시니어 고객에 대한 접근채널을 점포(슈퍼마

킷, 백화점, 은행지점 등), 콜센터, 인터넷 등으로 다양화하여 시니어 고객이 필요에 따라 언제든지 이용할 수 있도록 제공하고 있다. 시니어가 금융 서비스를 받기 위해 지정된 점포로 가는 불편을 덜고, 일상생활에서 자연스럽게 금융 서비스를 제공받도록 배려한 것이다. 이런 접근채널을 갖지 못한 금융 기업들은 시니어 고객을 빼앗기지 않으려면 문턱을 낮추고 시니어의 일상생활에 더 가까이 접근해야 한다.

충분한 교육을 받은 서비스 사원

통합 마케팅의 성패는 역시 서비스 사원에게 달려 있다. 시니어 고객에게 통합 상품에 대해 설명하고 안내하며 판매하는 주체이기 때문이다. 따라서 서비스 사원이 상품을 충분히 숙지할 수 있도록 교육을 지원해야 한다. 또한, 시니어 고객에게 신속한 안내를 할 수 있도록 시스템을 구축해야 한다. 무엇보다 성과에 따른 인센티브를 마련해야 한다.

★★★ 스타벅스 안에 은행이 있다?

미국 뉴욕 맨해튼 2번가에는 미국에서 급성장하고 있는 은행 중 하나인 '캐피털원Capital one'의 특별한 지점이 있다. 바로 커피 전문점 '스타벅스 Starbucks'와 영업 공간을 나눠 쓰고 있는 지점이다.

캐피털원과 스타벅스가 지점을 공유하게 된 이유는 맨해튼의 높은 임대료를 줄이기 위해서였다. 그러나 뜻밖에도 카페와 은행을 한곳에 모아 놓은 이곳은 인기 매장이 되었다. 처음에는 고객들이 카페인지 은행인지 구분하기 힘들어했지만, 이

뉴욕 맨해튼 2번가의 캐피털원+스타벅스 지점

내 통합된 매장을 즐겨 찾으며 시너지 효과가 일어난 것이다. 이러한 현상은 미국 금융권에서 큰 주목을 받았다.

일본에서도 이와 같은 통합 마케팅이 늘어나는 추세다. 특히 신흥 기업에서는 서로 다른 업종의 기업이 제휴해 고객이 하나의 포인트로 거래할 수 있도록 하였다. 예를 들면 CD·DVD 대여회사인 '츠타야TSUTAYA'는 '로손LAWSON', '신일본석유(현 JX에너지)', '전일본항공ANA 항공' 등 열두 개 회사와 제휴해 자사와 제휴사의 포인트를 상호 인정해 주고 있다. 또, '라쿠텐Rakuten' 등 인터넷 기업 사이에서는 이러한 포인트를 타사와 인터넷상에서 상호 교환할 수 있도록 하는 사례가 증가하고 있다.

8장

모바일 마케팅

스마트폰으로 대표되는 모바일 인터넷의 열풍은 마케팅의 지형을 바꾸고 있다. 시니어 마케팅이라고 예외는 아니다. 시니어 세대가 IT기술에 익숙해질수록 IT기술을 어떻게 마케팅에 적용할지 고민해 봐야 한다. 기업은 하루 24시간, 1주일 내내 운용되는 웹사이트에 자사 제품에 관한 정보를 올리고 판매할 수 있다. 또한, 시니어의 스마트폰으로 어디서든 그들의 니즈에 맞는 광고, 쿠폰, 샘플, 관련 정보들을 보내 읽힐 수 있다. 이처럼 인터넷과 스마트폰은 시니어 고객과의 커뮤니케이션에 있어서 새로운 터전을 마련하였다.

🟤 모바일 혁명은 시작됐다

모바일 시대의 등장을 걱정스럽게 바라보는 기업은 주로 하드웨어와 인프라에 의지한다고 볼 수 있다. 스마트폰을 사용한다는 것은 기존의 유통채널 장벽을 뛰어넘어 다양한 기능을 필요로 하기 때문이다. 스마트폰으로 대표되는 모바일 혁명에 기업이 적응하느냐 못하느냐에 따라 추후 시니어 고객에게 효과적으로 다가설지, 새로운 경쟁자에게 시니어 시장을 내줄지가 결정될 것이다. 모바일 혁명이 기업의 시니어 마케팅에 어떠한 변화를 불러오며, 이에 어떻게 대처해야 할까?

유통채널이 축소된다

모바일 시대의 시니어 고객은 상품 구매를 위해 꼭 매장을 방문할 이유가 없다. 모바일은 언제 어디서나 시니어가 있는 곳을 쇼핑 장소로 바꿔 주었다. 구매 편리성이 높아지면서 평소 물리적 이동에 부담감을 느껴 왔던 시니어 사이에 모바일 서비스 사용자가 빠른 속도로 증가하고 있다. 따라서 기업에서는 이러한 현상을 반영하여 지점에 전적으로 의지하던 마케팅 채널을 점진적으로 변화시킬 필요가 있다. 한편, 모바일 마케팅은 유통채널을 축소하는 효과가 있기 때문에 이와 관련된 비용을 줄일 수 있다.

상품의 개발력이 중요하다

모바일 서비스가 발전하면 시니어 고객은 점포와 같은 겉모습이 아닌 제품과 서비스 경쟁력을 통해 브랜드를 평가하게 될 것이다. 예를 들어 모바일 마케팅을 활용하는 다이렉트 은행들은 기존 은행에 비해 단순한 구성의 상품을 제공한다. 여기에 지점망 없이 저비용으로 운영되다 보니 가격 측면에서 경쟁력이 생겼다. 따라서 이를 반영하여 회사 차원에서 경쟁력 있는 상품을 개발할 수 있는 능력을 키워야 한다.

고객의 거래 기업 이탈이 쉽다

모바일 시대 이전에는 시니어 고객이 거래해 온 기업을 바꿀 때에 신경 써야 할 일이 많았다. 기존 거래 기업에 있는 고객 정보를 정리하고, 새로운 기업에 방문하여 각종 서류를 작성하고, 담당자와 친해지는 과정도 거쳐야 했던 것이다. 이 과정에는 비용도 추가로 발생했다. 이러한 번거로움 때문에 시니어 고객은 기업을 자주 바꾸는 것에 어려움을 느껴 왔다. 하지만 모바일 시대에 이르러 거래 기업 전환의 장애물이 거의 사라졌다. 간단한 스마트폰 조작으로 거래 기업을 바꿀 수 있게 된 요즘, 기업에서는 경쟁사와 차별화된 전략으로 대응해야 할 것이다. 또한, 신생 기업이 기존 시장에 진입하기 쉬워짐에 따라 경쟁자는 더욱 많아질 전망이다.

킬러 콘텐츠가 중요하다

시니어 고객이 스마트폰 하나로 수많은 상품을 그때그때 고를 수 있게 되면서, 기업이 더 이상 기존의 브랜드 파워에 전적으로 의지하기가 힘들어졌다. 따라서 시니어 고객에게 선택받기 위해서는 눈에 띄는 킬러 콘텐츠가 필요하다. 이때 주의해야 할 점은 시니어 고객이 스마트폰으로 물건을 고를 때 브랜드를 먼저 고르고 이어서 상품의 기능을 선택하지 않는다는 것이다. 즉, 먼저 기능을 선택하고 그 다음에 브랜드를 고르는 만큼 시니어가 필요로 하는 기능이 무엇인지 파악해 두어야 한다.

스마트폰 보급률에 따라 마케팅 전략을 바꿔야 한다

스마트폰이 급격히 보급되고, 수많은 애플리케이션application이 개발되고 있지만, 시니어 세대가 스마트폰을 얼마나 사용할지는 미지수다. 따라서 기업에서는 시니어 세대의 스마트폰 보급률과 활용 정도에 관심을 가져야 한다. 그 숫자에 따라 앞으로 모바일 기술을 통한 시니어 마케팅이 변화하기 시작할 것이다.

✩✩✩ 시니어 전용 웹사이트의 폭발적인 증가

일본에서는 단카이 세대를 겨냥해 제2의 삶을 지원하는 웹사이트가 계속 증가하고 있다. 이러한 웹사이트에서는 주택, 의료·보건, 여가, 금융 등, 단카이 세대의 제2의 삶에 대한 전반적인 내용을 다룬다.

한편, 회원에게 초대를 받아야만 참가할 수 있는 SNS로는 '믹시mixi'가 일반적이지만, 최근 중장년을 대상으로 하는 SNS도 생겨났다. 인터넷 쇼핑을 즐기는 중장년 세대를 노린 '라쿠텐 시니어 시장'도 오픈했다. 순수한 정보 제공 목적과는 다르지만, 시니어 세대가 쇼핑 정보를 얻을 수 있다는 점에서 쇼핑 사이트의 중요성도 간과할 수 없다.

단카이 세대는 컴퓨터, 인터넷, 메일 등에 이미 익숙하므로 이들을 겨냥한 사이트는 더욱 증가할 전망이다. 경쟁이 심해질 것으로 보여 시니어 세대가 원하는 정보를 제대로 전달하기 위해 노력을 기울여야 할 것이다.

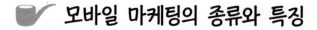# 모바일 마케팅의 종류와 특징

향후 시니어 고객은 현재처럼 주위의 도움으로 IT 제품이나 서비스 사용법을 배우는 것과는 달리, 스스로 익힐 가능성이 크다. 따라서 시니어 고객을 대상으로 한 모바일 마케팅은 더욱 활발해질 것으로 예상된다.

모바일 마케팅의 확산

각종 서비스를 이용할 때 기업의 대면 창구나 서비스 사원을 거치는 방식은 점점 그 비중이 줄어들고 있다. 지금 고객은 인터넷이나 휴대전화를 통해 언제 어디서나 서비스를 이용하며, 인터넷을 통해 다른 이용자에게 의견을 물어본다. 따라서 블로그, SNS 등이 의견 수집이나 교환에 큰 역할을 하게 되었다.

스마트폰에 탑재된 브라우저만으로도 인터넷 서핑이 가능해지면서 모바일을 통한 마케팅의 중요성은 더욱 커지고 있다. 또한, 이동하면서 이용할 수 있고, 금융 거래에서 안전하다는 요인도 모바일 마케팅의 성장 요인이 됐다. 특히 금융 거래에 있어 인터넷상의 '무현금 cashless' 거래가 활발해지면서 모바일 마켓의 발전을 촉진하였다.

모바일 마케팅의 장단점

모바일 마케팅의 장점과 단점은 다음과 같다.

장점

- 타깃 마케팅을 실시할 수 있다 .
- 메시지를 고객에 맞게 변형할 수 있다.
- 고객과 상호 커뮤니케이션이 가능하다.
- 정보 전달이 편리하다.
- 고객과 언제 어디서든 접촉이 가능하다.
- 고객과의 대화 속도가 빠르다.

단점

- 마케팅 효과를 측정하기가 어렵다.
- 인터넷 접속 상태에 따라 마케팅 성공 여부가 결정된다.
- 인터넷상 정보의 신뢰성이 불확실하다.
- 개인정보에 보안상의 문제가 발생할 수 있다.

모바일 마케팅의 유형

모바일 마케팅의 유형은 다음과 같이 네 가지로 정리해 볼 수 있다.

첫째, 모바일 메시지

전통적인 문자 전송 시스템, 즉 단문 메시지 서비스SMS, 멀티미디어 메시징 서비스MMS를 통한 마케팅으로 브랜딩이나 고객관계관리 CRM(Customer Relationship Management)에 활용된다.

둘째, 모바일 웹

스마트폰이나 모바일 기기를 통한 웹 마케팅을 말한다. 최근 들어 모바일 기기를 위한 웹사이트를 따로 만드는 추세이다.

셋째, 모바일 애플리케이션

스마트폰에 사용되는 애플리케이션을 통한 마케팅이다. 해당 애플리케이션을 설치한 사람에게 대대적으로 기업의 상품을 홍보할 수 있다.

넷째, 모바일 비디오와 TV

비디오 화면에 기업의 배너를 위치하는 식으로 홍보할 수 있다. 또는 본 영상이 시작되기 전에 짧은 광고를 넣기도 한다.

☆☆☆ 컴맹 시니어를 위한 특별한 서비스

액티브 시니어active senior(능동적인 은퇴 생활을 지향하는 시니어)의 사회적·경제적 비중이 늘어남에 따라 그들을 타깃으로 하는 사업 모델도 늘어나는 추세이다. 이러한 사업의 확대는《앙트레프레너》를 통해서도 알 수 있다.《앙트레프레너》에서는 기사를 통해 유망 업종을 여럿 제시하였는데, 그 가운데 시니어 업종도 포함된다.

《앙트레프레너》는 그중 시니어 업종의 선두주자로 시니어를 위한 디지털 기술 지원 서비스 업체인 '플로 클럽FloH Club'을 소개하였다.

플로 클럽은 미국의 원로 영화배우 플로렌스 헨더슨Florence Henderson의 아이디어에서 비롯됐다. 스마트폰에서 이메일을 보내는 게 힘들었던 그녀는 디지털 기기를 자유롭게 쓸 수 있다면 삶이 나아질 것이라고 여겼다. 이러한 아이디어를 바탕으로 그녀의 친구들의 도움을 거쳐 현재의 플로 클럽이 탄생되었다.

폴로 클럽에서는 한 달에 24.99달러를 지불한 시니어 회원에게 컴퓨터 전문가를 전화로 연결해 주는 서비스를 실시하고 있다. 페이스북Facebook 계정 만들기부터 프린터선 연결하기, 인터넷 쇼핑까지 인터넷과 관련된 것들에 전문가의 상세하고 친절한 안내를 받을 수 있다. 여기에 전문가의 원격 컴퓨터 관리 서비스와 모니터에 띄워서 볼 수 있는 설명서도 제공한다.

플로 클럽은 전문성을 확보하기 위해 북미 지역의 기술 지원 센터와 제휴를 맺고 전문가들을 교육하고 있다. 폴로 클럽은 초반에 광고가 거의 없는 편이었는데도 서비스를 시작한 이후부터 회원 수가 꾸준히 늘어나고 있다.

SMS 마케팅을 해야 하는 이유

스마트폰을 통한 모바일 마케팅은 단시간에 기업의 IT 커뮤니케이션에서 가장 선호하는 도구가 되었다. 삶의 일부분으로 자리 잡은 스마트폰은 마케팅 담당자에게 있어 대규모 홍보가 가능한 무대이다. 특히 스마트폰 사용자의 절반 이상은 SMS를 활발하게 사용한다. 또한 SMS는 단시간에 읽히고 바로 응답할 수 있다는 장점이 있다. 이것은 기업이 마케팅 프로그램의 결과를 즉각적으로 피드백 feedback 할 수 있다는 것을 의미한다.

SMS 마케팅의 장점은 다음과 같다.

커뮤니케이션 속도가 빠르다

모바일 메시지는 일종의 즉시성을 갖는다. 시니어 고객은 핸드폰의 벨소리를 들으면 그것에 바로 집중한다. 즉, 기업에서 보낸 메시지에 즉각적으로 반응을 보일 가능성이 높다.

맞춤형 정보를 제공할 수 있다

시니어 고객이 선호하는 상품, 그리고 프로모션 관련 정보를 적절한 시점에 SMS로 전달한다면 고객 내방을 효과적으로 유도할 수 있다.

24시간 고객과의 접촉이 가능하다

항상 핸드폰을 들고 다니는 시니어 고객에게 발 빠르게 접근할 수 있다. 고객의 문의에 즉각적으로 답변할 수 있는 것은 물론, 24시간 소통이 가능하다.

모바일 마케팅의 주요 프로그램들은 특성상 푸시Push 전략을 사용한다. 이벤트와 상품에 관한 정보를 고객에게 보내주는 것이다. 이때 모바일 마케팅 프로그램에 시니어 고객이 적극적으로 참여할수록 기업에서는 브랜드나 상품에 관한 구체적인 정보를 고객에게 더 많이 전달할 수 있다.

그렇다면 시니어 마케팅 활동에 SMS를 어떻게 하면 더 잘 활용할 수 있을까?

흥미를 끌 만한 정보를 보내라

시니어 고객에게 SMS를 보낼 때 고객 개개인의 성향과 관심사를 반영하라. 즉, 흥미를 느낄 만한 요소들로 메시지를 보내라. 메시지를 보고 반응하는 시니어 고객은 추가 정보를 얻기 위해 매장을 방문하거나 상담을 요청할 것이다.

프로모션 행사에 적극적인 참여를 유도하라

SMS를 통해 프로모션 등 다양한 이벤트에 관련된 정보를 지속적으로 보내라. 시니어 고객이 프로모션에 적극적으로 참여할 수 있도록 하면 큰 효과를 얻을 수 있다.

회원 확보와 고객 정보 업데이트에 활용하라

회원 등록 시 적절한 보상을 준다는 것을 SMS로 알려 잠재 고객에 동기부여를 하라. 또한, 개인정보를 업데이트하는 시니어 고객에 보상을 주는 식으로 고객의 새로운 정보를 얻을 수 있다.

꾸준한 대화를 통해 고객의 니즈를 파악하라

시니어 고객과 SMS로 대화를 하며 그들이 무엇을 원하는지 파악하는 것도 좋은 방법이다. 기업은 SMS 대화를 통해 시니어 고객과 다방면으로 접촉하고, 고객에게 맞는 적절한 정보를 지속적으로 알려 줄 수 있다.

성공적인 SMS 마케팅 실행을 위한 조언

목표를 명확히 하라

SMS 마케팅의 목표를 구체적으로 설정하라. 그러한 목표 안에서 SMS 마케팅을 다른 마케팅 요소와 결합하라.

충분한 가치가 있는 것을 전달하라

단순한 기업의 정보가 아니라, 시니어 고객이 궁금해하는 정보를 제공하라. 기업 입장이 아닌 고객 입장에서 읽을 만한 가치가 있는 정보여야 한다.

모바일 마케팅 프로그램은 단순하게 만들어라

대상은 시니어 고객이다. 젊은 세대에게는 어렵지 않은 프로그램
이라도 시니어 고객에게는 장벽이 될 수 있다. 따라서 시니어 관련
모바일 마케팅 프로그램을 만들 때 '단순화'을 유념해야 한다.

고객 접점에 있는 서비스 사원들을 교육하라

시니어 고객과 직접 만나는 직원은 기업의 SMS 마케팅을 충분히
이해해야 한다. 이러한 교육을 바탕으로 고객 상담을 실시해야만 성
공 가능성이 있다. 모바일 중심의 마케팅 교육이 필요한 시점이다.

너무 많은 메시지를 보내지 않도록 유의하라

무엇이든 지나치면 미치지 못한 것과 같다. 의욕이 넘친 나머지 메
시지를 과도하게 보내기 시작하면 타깃 고객이 이탈할 수 있다.

9장

시니어 마케팅도
조직적이어야 한다

시니어 마케팅이 조직적으로 이뤄지지 않는다면 그 마케팅 전략은 흐지
부지될 수밖에 없다. 시니어 마케팅을 단순히 마케팅의 일부분, 즉 일부
직원만 참여하는 마케팅 활동으로서 생각해서는 안 된다. 기업 차원에
서 모든 기업의 역량을 시니어 마케팅에 모아야만 성공 가능성이 높아
진다. 시니어 마케팅을 마케팅의 주요 부분으로 인식하는 생각의 전환이
필요한 때이다. 여기서는 효과적인 마케팅을 위해 시니어 마케팅을 조직
적으로 실시하는 방법에 대하여 소개하도록 하겠다.

무시할 수 없는 서비스 인력의 역할

서비스 인력은 중요하다

서비스 인력은 시니어 마케팅의 성패를 좌우할 만큼 중요하다. 시니어 마케팅을 고객에게 직접 전달하는 사람이 바로 이들이고, 또한 시니어 마케팅에 대한 고객의 반응을 가장 먼저 피드백하는 사람도 이들이기 때문이다. 이러한 의미에서 기업의 서비스 인력은 시니어 마케팅 경쟁에서 우위를 점할 수 있도록 하는 가장 강력한 요소라고 할 수 있다.

시니어 고객을 단골로 만들기 위한 중요 요소 중의 하나도 바로 시니어 고객에게 어필하는 서비스 사원을 확보하는 데 있다. 자신을 알아봐 주고, 자신에게 맞는 서비스를 제공해 주는 서비스 사원을 시니어 고객이 계속 찾게 되는 것은 자연스런 현상이다. 시니어가 중심이 되는 사회에서는 시니어 계층의 충성 고객을 얼마나 확보하느냐가 사업의 성패를 좌우한다. 그 충성 고객의 규모를 결정하는 것은 다름 아닌 서비스 사원이다.

우수한 서비스 인력이 시니어 마케팅 활동에 참여하게 되면 선순환이 이루어진다. 즉, 우수한 서비스 사원이 훌륭한 서비스를 제공하고, 이 서비스로 인해 충성 고객이 확보되면, 시니어 고객의 기업 평가가 높아진다. 여기에 서비스 사원들은 일할 맛이 나고, 결과적으로 서비스 수준이 꾸준히 향상되는 것이다. 서비스 수준의 향상은 충성 시니어 고객의 증가를 의미하므로 일종의 선순환 구조가 이뤄진다.

그러므로 기업은 서비스 사원 만족에 더 많이 신경 써야 한다. 사원이 불만을 가지고 일할 경우, 그 불만은 고스란히 시니어 고객에게 전달되고 만다. 또, 서비스 사원이 자주 바뀌는 곳은 단골 고객, 즉 충성 고객이 늘어나지 않는다. 사원을 단순한 기업 매출의 도구가 아닌, 기업 경영의 주체로 볼 때, 서비스 사원에 동기부여를 할 수 있다.

서비스 사원에 요구되는 자질

시니어 고객이 서비스 사원에게서 원하는 자질은 무엇일까? 다음의 사항에 주목해 보자.

실력

시니어는 자신의 요구 사항에 구체적으로 대답할 수 있는 유능한 서비스 사원을 원한다. 서비스 사원은 시니어가 모호하게 설명을 해와도 이를 알아듣고 방안을 제시할 수 있도록 실력을 갖추어야 한다.

서비스 사원이 충분한 실력을 갖추기 위해서는 사내에서의 고객 정보 공유, 업무 제휴, 리스크 관리, 문제 발생 시의 긴급 대응 체제 확립 등, 기업의 조직력 향상이 뒷받침되어야 한다. 서로 다른 분야의 전문성을 가진 멤버로 구성된 팀 대응 체제 또한 차별화된 서비스를 제공할 수 있는 방법이다.

친절

귀가 잘 안 들리는 시니어가 몇 번이나 같은 질문을 하는 것을 본 적이 있을 것이다. 듣는 사람도 짜증이 나겠지만 물어보는 시니어도 답답한 마음에 그러하다는 것을 알아줘야 한다. 참을성 있는 태도는 시니어를 충성 고객으로 만드는 데 일조한다. 시니어 고객은 서비스 사원이 업무에 의해 강요된 친절을 보이는지, 진정 마음에서 우러난 친절을 보이는지를 금방 눈치챈다.

신뢰

경제적으로 여유 있는 시니어 고객에게는 많은 서비스 사원들이 접근한다. 이때 서비스 사원은 추구하는 목표에 따라 두 가지 유형으로 나뉘는데, 하나는 고객의 자금을 유치하는 것을 우선 목표로 하는 사원과 또 하나는 고객의 신뢰를 먼저 얻기 위해 노력하는 사원이다. 단기적으로는 전자가 수익을 올릴 수 있을지 모르지만, 시니어 고객과 중장기적으로 관계를 맺어 지속적으로 영업을 실시할 수 있는 경우는 후자이다.

커뮤니케이션 능력

실적이 우수한 서비스 사원들은 실제로 시니어 고객의 말을 경청하고 적절하게 맞장구를 치며 대화에 재미를 더한다. 시니어 고객의 말을 잘 들어주는 서비스 사원은 세 가지 혜택을 누릴 수 있다.

첫째, 시니어 고객의 진짜 니즈를 알 수 있다. 시니어 고객의 마음

속에 숨어 있던 니즈를 파악해 적절하게 대응할 수 있다.

둘째, 시니어 고객의 자부심을 높여 준다. 인생 경험이 풍부한 시니어 고객에게 겸허한 태도로 대응하면 시니어 고객의 자부심을 높일 수 있다.

셋째, 시니어 고객의 호감을 얻을 수 있다. 시니어 고객의 말에 경청하는 태도는 시니어 고객과의 신뢰관계의 발판이 된다.

성실

시니어 고객은 자신과 오래 거래할 서비스 사원을 원한다. 때문에 담당자가 자리를 옮기거나 신임 담당자와 다시 관계를 구축하는 것을 부담스러워한다. 따라서 잦은 전근으로 시니어 고객이 부담감을 느끼지 않도록 주의해야 한다. 시니어 고객의 심리적 문제를 해결하는 것이야말로 시니어 마케팅의 핵심이라 할 수 있다.

신용

시니어 고객은 주변 사람들의 말과 행동이 일치하는지를 항상 유의한다. 작은 말이라도 성실히 지키고, 사소한 것에도 정직하게 응대하는 사람과 거래를 트려 한다. 또한, 사생활을 지키기 위해 자신에 관련된 모든 정보를 남에게 발설하지 않을 신뢰할 만한 서비스 사원을 원한다.

☆☆☆ 미리 노인이 되어 보다

시뮬레이터simulator는 우리 사회에서 다방면으로 활용되고 있다. 시뮬레이터란 어떠한 가상 상황을 실제 장면처럼 재현하여 체험할 수 있는 장치를 일컫는다. 최근, '에이징 시뮬레이터aging simulator'라고 하는 새로운 장치가 등장했다. 에이징 시뮬레이터는 10~20대의 젊은이가 몇 분 만에 75~80세 노인이 되어 보는 가상 상황을 적용한 것이다.

에이징 시뮬레이터는 한국에 '노인유사체험'이라는 이름으로 알려져 있는데, 특수 제작된 안경, 귀마개, 장갑 등 열두 개의 장비를 착용해 노인의 시력, 청력, 척추, 관절 기능 등 신체 상태를 체험해 본다. 이 상태에서 물건 잡기, 걷기, 전화 걸기, 읽기, 듣기, 옷 입기, 계단 오르내리기, 음료 마시기 등의 임무를 수행한다. 대개 세 명이 한 조가 되어 노인, 관찰자, 보호자의 역할을 돌아가며 체험한다.

참가자들은 체험하기 전에 노년을 대비해야 할 필요성을 느끼면서도, 실제 노인이 되는 것에 대한 거부감이 있었다. 또, 노년에 어떻게 대처해야 할지 모르는 경우도 많았다. 그러나 체험한 후에는 노인의 신체적 특성뿐 아니라, 심리적·사회적 특성에 대한 이해도가 크게 증가했다. 대한은퇴자협회에 따르면 체험 전에는 노인의 심리적 특성을 전혀 이해하지 못하겠다는 항목의 답변율이 30%였지만, 체험 후에는 1%로 줄어들었다. 또, 이해한다는 항목의 답변율이 19%에서 53%로 늘어났다. 또, 체험자의 70% 이상이 중고생임에도 불구하고, 89%가 노후 대비가 필요하다고 응답했다. 노화를 미리 체험해 보는 것이 노인에 대한 이해는 물론 젊은 세대의 인생 계획에까지 영향을 미친다는 것을 알 수 있다.

이와 같은 결과는 일본장수사회문화협회WAC에서도 동일하게 나타났다. 에이징 시뮬레이터를 착용해 본 체험자의 87%가 노인에 대한 인식이 달라졌다고 대답했다. 이러한 교육을 받은 학생 중에는 노화에 관한 지식을 배우고 직접 체험함으로써 노인에 대한 전반적인 태도가 긍정적으로 변한 경우가 많았다. 노인을 경험해 보는 활동은 노인의 실태를 파악하고 자기반성을 통하여 자신을 성찰

할 수 있는 기회를 만든다. 또, 노인에 대한 이해를 통해 세대 문제 해결에 도움을 주고 무엇보다 자신의 노년에 대해 관심을 갖게 해준다. 현재 한국에서는 에이징 시뮬레이터가 학생들을 대상으로 한 체험 교육 위주로 이뤄져 있지만, 일본과 유럽에서는 항공사, 일반 기업을 비롯하여 노인과 관련된 현장, 즉 복시·의료·보호시설 등에서 광범위하게 활용되고 있다.

시니어 마케팅 조직을 구성하는 법

　왜 시니어 마케팅 조직을 구성해야 할까? 시니어 마케팅을 기업 차원에서 실천하기 위해서는 이를 이끌고 지원할 조직이 필요하기 때문이다. 또한, 지속적인 발전을 위해서 기업 외부의 전문가 네트워크 조직과 협력 활동을 벌이고, 대외적으로 기업 홍보를 위해서 기업을 대신해 시니어 마케팅을 설명해 줄 부서가 있어야 한다. 무엇보다도 고령화 사회로 접어들면서 시니어 고객의 수와 비중의 증가는 이미 확실해졌기에, 이러한 변화에 발맞춰 기업을 도울 부서는 당연히 필요하다고 할 수 있다.

　시니어 마케팅 조직이 수행할 역할은 다음과 같다.

시니어 고객 연구

　우선 기업이 보유하고 있는 시니어 고객에 대한 자료 분석이 선행되어야 한다. 시니어 고객들의 인적 사항 및 구매 패턴, 그리고 시니어 고객을 응대한 서비스 사원의 의견, 시니어 고객들을 대상으로 한 설문 조사 등을 통하여 적절한 자료를 수집해야 한다. 이를 토대로 시니어 마케팅에 효과적으로 활용한 만한 결과를 이끌어 낼 수 있어야 한다.

직원 교육

기업의 모든 구성원이 시니어 마케팅의 중요성을 아는 것은 아니다. 시니어 마케팅의 성공적인 실행을 위해서는 회사 전 직원의 적극적인 협조가 필수적이다. 따라서 이들을 대상으로 관련 교육과 커뮤니케이션 활동을 전개해야 한다.

업무 컨설팅

시니어 마케팅의 개념은 기업의 모든 업무 프로세스에 적용될 수 있다. 기업의 업무 프로세스에 대한 기본 표준안을 정립해야 업무의 혼선이 최소화된다. 따라서 기업 프로세스 전반에 시니어 마케팅의 관점을 입히는 컨설팅 작업이 필요하다.

외부 시니어 전문가 네트워크와의 협업

시니어 마케팅의 지속적인 발전을 위해서는 기업 외부의 전문가 집단과의 네트워크 협업이 필수적이다. 기업 내부에 시니어 마케팅과 관련해 외부 네트워크와 함께 일할 수 있는 담당 부서를 두어야 한다.

연구물 출간 및 공유

시니어 마케팅에 관련된 연구물 출간은 대내외적으로 마케팅 효과가 있다. 대내적으로 시니어 마케팅에 대한 사내 커뮤니케이션의 도구로 활용되고, 대외적으로는 시니어 마케팅을 선도한다는 기업의 이미지를 전달할 수 있다. 여기에 해당 부서에서는 기업 외부의 시니어 마케팅 관련 자료를 기업 직원에 소개하는 역할도 수행해야 한다.

대외 홍보

시니어는 사회적으로 큰 관심사이자, 정부와 언론의 주요 관심 대상이기도 하다. 따라서 기업이 시니어 마케팅에 대한 활동을 한다는 것을 적절히 홍보할 수 있어야 한다. 이를 홍보함으로써 사회적으로 긍정적인 평가를 얻을 수 있다.

조직 구성을 위한 선결 요건

기업 최고 경영진의 지지

회사 차원의 마케팅을 실시할 때 중요한 것은 역시 최고 경영진의 전폭적인 지지다. 시니어 마케팅을 실시함에 있어 부서 간 충돌이 있을 때 조정에 힘쓰거나, 마케팅 실시 초기에 효과보다는 비용이 발생할 경우 지속적으로 지지해 줄 존재가 바로 기업의 최고 경영진들이다.

기업 전 직원의 동참

회사 직원들이 시니어 마케팅을 일부 부서와 부서원만의 문제라고 인식하면, 회사 차원의 마케팅은 실행되기 어렵다. 시니어 마케팅이 기업의 발전을 가져올 전략임을 모든 직원들이 이해하고 이에 동참할 때 기업 차별화 전략으로서 시니어 마케팅이 실행될 수 있다.

조직의 업무적 독립성 확보

시니어 마케팅을 전담할 부서는 업무의 독립성을 인정받아야 한다. 부서 구성원은 시니어 마케팅에 관련된 업무에 전념하고, 기업의 다른 업무와 대등한 관계로 활동할 수 있어야 한다.

조직의 연구 환경 조성

시니어 마케팅 담당 부서는 시니어 마케팅이 기업의 전략으로 녹아들어가기 전까지는 비용이 발생하는 부서이다. 단기적으로 수익을 내지 않더라도 시니어 마케팅 부서는 연구 조직으로서 운영되어야 한다. 따라서 연구를 우선적으로 추구할 수 있는 분위기를 만들어야 할 것이다. 즉, 우수한 연구 인력을 모집하고 대외 연구 네트워크를 형성하고 연구를 위한 교육에 투자하는 등, 연구 환경이 갖춰져야 한다.

☆☆☆ 시니어 마케팅의 장애물

시니어 비즈니스 컨설턴트인 무라타 히로유키는 시니어 마케팅의 장애물을 크게 세 가지로 나눴다. 그러면서 장애물은 근본적으로 대기업에서 신규 사업을 시작할 때 시니어 시장과 맞지 않는 데서 온다고 하였다.

첫 번째 장애물은 경영자 중에서 매스 마켓mass market(대량 판매와 대량 소비가 이뤄지는 시장)을 지향하는 사람이 많다는 것이다. 예를 들어, 매스 광고를 내보내면서 막대한 비용을 지출한다. 그런데 시니어 시장에서는 매스 광고로 잠재 고객의 일부만 확보할 뿐이다. 따라서 비용 대비 성과가 나빠 계속되지 못한다.

이와 같이 고객을 한 덩어리로 취급하는 이유는 고도 성장기의 성공 체험이 뇌리에 족쇄 같이 묶여 있기 때문이다. 또, 넓게 퍼져 있는 작은 시장을 개별적으로 상대하기보다는 균일한 한 덩어리로 대하는 편이 훨씬 간단하기 때문이다. 더욱이 이런 매스 마켓 지향이 강한 경영자는 틈새시장을 가볍게 보는 경향이 있다. 틈새시장에 투자해도 매출 규모에 큰 기여를 하지 못한다고 생각하는 것이다.

두 번째 장애물은 한번 만들어진 비즈니스 모델을 유연하게 바꾸지 못한다는 것이다. 일반적으로 중소기업에 비해 대기업은 의사결정에 시간이 많이 걸리는 편이다. 또, 경영회의에서 사업 계획을 승인할 때에도 시간이 걸린다. 사업 계획에는 그전까지의 내용을 담아야 하기에 사업 계획을 작성하는 데에도 많은 시간이 소요된다. 이 때문에 시장조사 등, 사업 준비를 위한 기간이 길어지고, 사업 계획을 경영회의에서 통과시키기 위한 사전 교섭에도 시간이 걸린다. 이러한 과정을 거쳐 겨우 승인을 받더라도 사업 계획을 수정해야 하는 경우가 끊임없이 발생한다. 그런데 경영회의에서 이미 승인된 사항을 수정할 때에는 다시 상사를 거쳐 승인을 받아야 한다. 또 시간이 걸리는 것이다.

세 번째 장애물은 바로 성과를 내기 힘든 신규 사업을 기존의 수익 부분과 같은 기준에서 비교한다는 것이다. 일반적으로 기존 수익 부문의 매출이 크면 클수록 신규 사업 부문은 전개하기 어렵다. 신규 사업 부문은 대체로 기존의 수익 부문이 쇠퇴할 것에 대비해 새로운 분야에 도전한 것이기 때문에, 기존의 사업보다 많은 노력이 필요하다. 그런데도 신규 사업 개발 활동이 실제 수익으로 연결되지 않으면, 기존의 수익 부문과 같은 기준에서 비교되어 '월급도둑'이라는 비난을 받게 된다. 이것이 신규 시니어 비즈니스의 최대의 적은 사내에 있다고 말하는 까닭이다.

더 큰 문제는 신규 사업에서 기업의 내구 시간이 전에 비해 짧아졌다는 점이다. 예전에는 신규 사업의 목표를 보통 3년 차에 흑자, 5년 차에 누적손실 해소에 두었다. 그런데 지금은 1년 반 만에 흑자, 3년 차에 누적손실 해소, 그렇지 못하면 정리한다는 원칙이 일반화되고 있다. 또, 기업의 내부 조직 변경이 전보다 자주 일어난다는 것도 중요한 이유로 꼽을 수 있다. 어느 기업에서는 시니어 프로젝트니, 베이비붐 프로젝트니 하는 것을 수없이 시작했지만 내부 조직 체계가 바뀌자 1년도 지나지 않아 대부분 사라졌다. 이러한 체제 변경이 자주 일어나면 사원들은 '어차피 이 체제도 오래 못 가겠군. 또 곧 바뀌겠지' 하는 생각에 사로잡혀 신규 사업 도전에 전력투구하지 않는다.

시니어 고객의 고객경험관리에 집중하자

　시니어 마케팅 조직이 가장 우선시해야 할 미션은 시니어 고객만의 차별화된 고객경험을 창출하는 것이다. 조직 활동의 주목표가 되는 고객경험관리에 대해서 이번 장에서 정리해 보고자 한다.

고객경험관리의 중요성

　번트 슈미트Bernd Schmitt 교수는 고객경험관리와 관련해 고객은 상품을 구매하는 것이 아니라, 체험을 구매한다고 말했다. 또, 고객경험관리를 제품이나 기업을 이용하거나 기업과 거래하는 고객의 전체 경험을 총체적으로 관리·개선하는 과정이라고 정의하였다. 그의 말에 따르면 고객경험은 제품을 탐색하는 과정, 구매하는 과정, 사용하는 과정에서 세 번 발생하며, 이 세 번의 고객경험을 모두 만족시켜야 한다. 즉, 고객경험관리는 구매 이전부터 고객경험을 파악하고 구매 과정, 구매 후 과정을 분석해 사전에 고객 지향적으로 개선하는 것을 의미한다.

　제품과 서비스가 싸다고 해서 고객이 만족하는 것이 아니다. 또, 서비스 사원이 친절하다고 해서 만족하는 것도 아니다. 좋은 상품으로 좋은 구매 경험이 만들어지고, 좋은 고객 응대로 최종적으로 만족하게 된다. 결국 상품 경험, 구매 경험, 서비스 경험에서 모두 만족하지 못한다면 아예 만족하지 못한 것과 다름없다.

고객경험관리 실행의 장애물

고객경험이 중요하다는 것은 모든 기업들이 이미 공감하고 있다. 하지만 많은 기업들이 고객경험을 창출하는 데 어려움을 겪고 있다. 그 이유는 세 가지로 정리해 볼 수 있다.

고객경험관리는 추가 업무다?

시니어 고객경험관리 업무는 별도 업무가 아니다. 시니어 고객을 만나는 일상적인 업무의 하나이다. 따라서 사원들이 고객관리업무가 부담을 주는 업무가 아니며, 업무를 더 효율적으로 만드는 작업이라고 받아들이게끔 하여야 한다.

고객경험관리는 측정하기 어렵다?

시니어 고객의 고객경험관리가 소극적으로 실행되는 원인으로 많은 관리자들이 고객경험관리는 측정하기가 힘들다는 이유를 든다. 시니어 고객경험관리의 성과를 점검하고 개선하기 위해 마케팅 활동에 대한 결과 측정이 필수적인 만큼, 이를 위한 다양한 측정 방법이 도입된다면 곧 해결될 문제이다.

서비스 사원에게 도움이 되지 않는다?

바로 성과가 드러나지 않는 고객경험관리는 서비스 사원에게 도움이 되지 않는 것처럼 보일 수 있다. 따라서 서비스 사원이 시니어 고객경험관리에 적극적으로 참여할 수 있도록 동기부여를 해야 한다. 이것은 시니어 고객경험관리의 선결 조건 중 하나이기도 하다.

시니어 고객경험관리의 개선을 위한 제안

시니어 고객경험관리는 여러 가지 한계에 부딪쳐 있다. 아직까지 중요성이 인식되지 않았기에 넘어야 할 산도 많다. 시니어 고객경험관리를 개선하기 위해서는 다음과 같은 조건이 선행되어야 한다.

시니어 고객경험관리가 모든 직원의 기본 업무가 되어야 한다

시니어 고객경험관리를 각 부서의 다양한 업무에서 실천하는 방법에 대해 세부적인 업무 안내와 효율적인 교육이 이뤄져야 한다. 또한, 서비스 사원들의 업무 평가에 있어서도 시니어 고객경험관리가 중요한 비중을 차지한다는 것을 커뮤니케이션을 통해 알려야 한다.

시니어 고객경험관리를 측정하고 모니터하라

시니어 고객경험관리를 측정할 때에는 고객의 의견을 중심에 두어야 한다. 시니어 고객에 대한 깊이 있는 분석을 통해 시니어 고객이 원하는 것이 무엇인지 알아야 한다. 시니어 고객경험은 고객 만족을 통한 기업 인식 개선, 목표(고객 충성도 증대) 달성 등을 통해 측정할 수 있다.

서비스 사원에 확실한 동기를 부여하라

가장 확실한 동기부여 방법은 경제적 보상이다. 보상은 서비스 사원의 업무 개선을 위한 기폭제가 될 수 있다. 시니어 고객을 직접 응대하지 않는 사원들에 대해서는 내부 고객 만족도를 체크하여 보상할 수 있을 것이다.

회사 차원의 실행 체계를 수립하라

기업의 일부에서만 중요시 여기는 시니어 고객경험관리는 실패할 수밖에 없다. 회사 차원의 시니어 고객경험관리 실행 체제는 목적 및 목표 수립, 실행 프로세스, 성과 측정 체제, 평가 및 보상 프로그램, 관련 조직, 교육 및 훈련, 대내외적 커뮤니케이션, 기업 문화, 시스템 인프라 등으로 이루어진다.

기업 문화를 형성해야 한다

시니어 고객경험관리를 최우선으로 생각하는 기업 문화 아래서는 기업의 단기적 성과를 위해 시니어의 고객경험을 희생시키는 실수가 줄어든다. 기업 문화를 형성하려면 사원들에게 시니어 고객경험관리의 업무가 중요하며, 모든 업무가 시니어 고객경험관리와 깊은 연관성을 가진다는 인식을 심어 줘야 한다. 또한, 일방적인 업무 지시가 아니라, 시니어 고객경험관리 프로세스에 직접 참여하도록 하고, 자신의 업무 계획을 스스로 설계할 수 있도록 해야 할 것이다.

☆☆☆ 시니어 고객경험관리에 집중한 하트퍼드 보험

1810년에 설립된 '하트퍼드 파이낸셜 서비시스 그룹The Hartford Financial Services Group'은 미국을 기반으로 일본, 영국, 캐나다, 브라질 등에서 활약하는 거대 보험투자회사 중 하나다. 하트퍼드 그룹은 생명보험, 단체보험, 자동차보험, 주택보험, 기업보험뿐 아니라, 투자 상품, 연금, 뮤추얼펀드mutual fund(투자자의 자금을 모아 투자회사를 설립한 후 이익이 발생하면 나눠주는 투자신탁), 자녀 대학 자금 준비 상품도 제공하고 있다.

하트퍼드사는 특히 시니어 고객에 어필할 만한 마케팅을 실시하고 있다. 그중 경쟁사와 차별화된 활동들을 크게 세 가지로 나누면 다음과 같다.

첫째, AARP와의 긴밀한 협조다. 하트퍼드사는 AARP 자동차·주택 보험 프로그램AARP Auto and home insurance Program을 통해 AARP 회원들을 우대하고, 25년간 차별화된 보험 상품을 제공하고 있다.

둘째, '어드밴스 50 팀Advance 50 Team'을 통한 시니어 고객 전문 조직 확보다. 하트퍼드사의 홈페이지에는 '노년 전문가Expertise on Aging'이라는 홍보 문구가 있다. 하트퍼드사는 25년 넘게 노년학 전문가들을 고용하여 50세 이상의 시니어 시장에 진보적이고 혁신적인 상품을 제공해 왔다. 1999년 하트퍼드사는 MIT 에이지랩MIT AgeLab의 후원사로서 이후 어드밴스 50 팀과 MIT 에이지랩 공동으로 시니어의 안전, 물리적 이동, 독립적 생활에 대한 연구와 교육을 실시하고 있다.

셋째, 시니어 고객을 위한 네트워크 구축이다. 하트퍼드사는 시니어 고객을 위한 상품과 서비스에 대해 어드밴스 50 팀에만 의존하지 않고, 다음과 같은 강력한 네트워크를 구축하여 활용하고 있다.

◆ **MIT 에이지랩(MIT AgeLab):** 1999년 하트퍼드에 의해 세워진 연구소로 시니어 고객과 그들의 가족의 삶을 개선하기 위해 노력한다. 어드밴스 50 팀

과의 협력을 통해 전 세계의 시니어에 도움이 될 만한 정보를 제공하고 있다.

◆ **미국고속도로안전보험협회(IIHS, Insurance Institute for Highway Safety)**: 미국의 고속도로에서 발생하는 사망, 상해, 재산 손실 등을 줄이기 위해 세워진 단체이다. 하트퍼드사는 1979년부터 이 단체에 회원으로서 적극적으로 참여하고 있다.

◆ **보스턴 의대 알츠하이머 질병 센터(The Boston University School of Medicine Alzheimer's Disease Center)**: 알츠하이머병 연구, 알츠하이머병 환자의 치료와 환자 가족 돌보기, 알츠하이머병에 대한 교육 등을 실시하고 있다. 2004년에는 하트퍼드사와 MIT 에이지랩 공동으로 알츠하이머 환자 간호, 환자 이동 방법 등, 치매와 관련된 3년짜리 연구를 시작하였다. 이 연구는 그들이 사랑하는 사람이 치매에 걸렸을 때 그들을 돌보고 물리적 이동을 제공하는 (차를 태워 주는) 사람들에게 적절한 정보와 동기부여를 제공하는 것을 주된 연구 과제로 삼았다.

◆ **AARP**: 하트퍼드사는 AARP에 자동차·주택 보험을 25년 넘게 제공해 오고 있다. 또한 하트퍼드사와 AARP는 하트퍼드와 MIT 에이지랩과의 협력 연구 결과를 토대로 '우리는 말해야 한다We need to talk'라는 세미나를 실시하고 있다.

고객 참여가 답이다

시니어 마케팅 조직이 고려해야 할 것 중 하나는 시니어 고객의 참여를 유도하는 것이다. 지금까지 시니어 고객과의 소통을 언급했다면, 여기서는 시니어 고객의 의견을 듣는 것을 넘어서, 그들을 시니어 마케팅 프로세스에 참여하는 방법에 대해 다뤄 보겠다.

시니어 고객의 피드백을 반영하라

최근 들어 소비자의 참여 욕구가 더욱 거세지고 있다. 생산적 소비자를 일컫는 '프로슈머prosumer'를 넘어 최근에는 창조적 소비자를 뜻하는 '크리슈머cresumer'라는 신조어가 생겨나기도 했다. 기업은 시니어 고객의 평가를 적극적으로 반영해야 한다. 또, 시니어 고객을 마케팅에 참여시켜 마케팅의 실효성과 상품의 매력을 끌어올려야 한다. 기업은 시니어 고객의 피드백을 적극적으로 반영하여 그들의 공감대를 끌어내는 데 마케팅의 목적을 두어야 한다.

시니어 고객경험을 모니터링하라

시니어 마케팅을 할 때에는 상품과 서비스에 대한 고객경험을 모두 모니터링해야 한다. 만족도는 단순한 통계 수치로만 확인하지 말고, 수시로 영업 현장에 나가 시니어 고객의 소리를 직접 들어 확인하는 것

시니어 마케팅의 힘

이 좋다. 또한 시니어 고객이 단순히 설문에 답변하는 수동적 자세에서 상품을 평가하는 적극적인 자세를 갖도록 유도하는 것이 중요하다. 기업은 시니어 고객의 의견을 적극적으로 반영해야 한다.

시니어 마케팅에 시니어를 채용하라

시니어 마케팅을 활발히 실시하고 있는 기업은 이미 상품 모니터링 요원이나 시니어 고객을 응대하는 서비스 사원으로 시니어를 채용하고 있다. 이는 시니어 고객의 마음은 같은 시니어가 가장 잘 안다는 상식에서 출발한 것이다. 아울러 시니어를 지속적으로 채용한다면, 시니어 친화 기업으로써 대외 홍보를 통한 차별화 전략을 꾀할 수 있다.

시니어 고객 중 오피니언 리더를 공략하라

시니어 고객이 대중매체의 광고보다 지인의 추천에 더 영향을 받는다는 것은 앞서 이야기하였다. 따라서 모임에서 모임 구성원에게 상품을 영향력 있게 추천할 수 있는 오피니언 리더 시니어를 대상으로 집중적인 마케팅 활동을 전개한다면 좋은 결과를 얻을 수 있다.

☆★☆ 편안한 노후를 위해서라면 '거리'쯤이야

아무리 훌륭한 시설을 갖췄더라도 대도시에서 멀리 떨어진 교외에, 그것도 2000호나 되는 주거지에 입주자를 모집한다는 것은 결코 쉬운 일이 아니다. 참고로 미국 은퇴자 중 커뮤니티 입주자의 90% 가까이가 자신이 살던 곳에서 90킬로미터 이내에 보금자리를 옮겼다.

그런데 윌로우 밸리Willow valley의 경우 입주자 중 가까운 펜실베이니아 주에서 이주한 가구는 약 40%에 불과하다. 나머지는 미국 각지에서 이주하였는데, 이는 매우 드문 사례이다. 더욱이 96%를 차지하는 건강생활형 입주자 중 일부가 건강생활형에서 요양형으로 옮길 때 발생하는 5%의 공실률을 제외하면 거의 만실이라고 한다. 어떻게 가능했던 것일까?

그 이유는 입주자 참가형의 독특한 운영 활동에 있다. 윌로우 밸리는 매년 4월부터 10월 사이 100~200명 단위로 단지 견학을 여러 차례 개최한다. 견학하는 사람들을 안내하는 이들은 다름 아닌 입주자이다.

은퇴자 커뮤니티의 구입 의사결정에는 운영 회사의 운영 방침보다 입주자들의 생생한 평가가 효과적이다. 예를 들면 플로리다에서 온 사람은 플로리다에서 이주한 입주자가 안내한다. 이러한 배려에 의해 견학하러 온 사람들은 왜 입주자가 플로리다가 아닌 펜실베이니아 주의 윌로우 밸리로 이주했는지 금세 깨닫는다.

이러한 입주자 참가형 영업 활동의 효과를 높이기 위해서 윌로우 밸리에서는 사전에 안내자를 대상으로 커뮤니티의 판매에 관련된 연수를 실시하고 있다. 또, 견학한 사람이 입주를 결정할 경우, 안내자의 월 이용료를 공제하는 등 인센티브를 제공하고 있다.

참고문헌

기사

〈M&A로 美 10대 은행 급성장···금융위기후 8가지 위험분류로 리스크 관리〉,
매일경제, 2010년 5월 30일.

도서

마츠모토 시미코 지음, 싸이미디어 옮김, 《시니어 비즈니스 성공전략》, 해냄,
2007.

메리 S. 펄롱 지음, 이연수·정지혜 옮김, 《시니어 마켓을 선점하라》, 미래의창,
2007.

무라타 히로유키 지음, 신수철 옮김, 《시니어 비즈니스 7가지 발상전환》, 필맥,
2006.

무라타 히로유키 지음, 이완정 옮김, 《시니어 비즈니스》, 넥서스BOOKS, 2005.

시마 노부히코 지음, 송진명·이왕돈 옮김, 《돈 버는 감성》, GenBook(젠북),
2008.

야마다 사와아키·사이토 요시아키·카미오 후미히코·이노우에 타이이치 지음,
이상덕 옮김, 윤재남 감수, 《2010 日本》, 매일경제신문사(매경출판주식회사),
2007.

야마사키 신지 지음, 성병철·염기훈 옮김, 《50.60대 마음을 읽어라》, 휴먼비즈니
스, 2006.

장 폴 트레게 지음, 리대룡·김수량 옮김, 《50+ 마케팅》, 청림출판, 2005.

하쿠호도 생활종합연구소 지음, 《거대시장 시니어의 탄생》, 커뮤니케이션북스,
2009.

홍정구·최정환 지음, 《해봐!》, 예림, 2006.